『25ans』（ハースト婦人画報社）2018年11月号より
（撮影＝矢吹健巳（W）、協力＝観世あすか、ヨアケ）

右頁右上●1943年1月15日、東京・神田生まれの樹木さん。写真は1歳ぐらいの頃。おそろいのワンピースは母・清子さんの手作り。清子さんの7歳年下の父・襄水さんは当時、警察官だったが、のちに薩摩琵琶奏者に
右頁左上●鏡に映った自らの姿を〝自撮り〟する十代の樹木さん
右頁下●1973年にミュージシャンの内田裕也さんと結婚
(©Kodansha/アフロ)
左頁●二十代、「悠木千帆《ちほ》」時代の樹木さん。悠木千帆という芸名は、勇気を宝塚っぽく「悠木」、「千帆」は版画家の前川千帆《せんぱん》さんからとった

右頁●ドラマ撮影時、共演する岸本加世子さんと控室で。岸本さんとはその後、フジカラーのCMでも「名コンビ」を組むことに（©Kodansha／アフロ）

左頁上●1976年、娘・也哉子さんのお宮参り後、写真館で記念撮影。別居して以来、夫と久しぶりの対面だった

左頁右下●也哉子さんを産んだばかりの頃。ドラマ『寺内貫太郎一家』のおばあちゃん役から一転、『さくらの唄』では妊婦役を演じた（©日刊スポーツ）

左頁左下●『寺内貫太郎一家』撮影中の樹木さんと浅田美代子さん。浅田さんは最期まで樹木さんを母親のように慕ったという（©Kodansha／アフロ）

英国の画家、ジョン・エヴァレット・ミレイの名作「オフィーリア」をモチーフにした宝島社の企業広告に登場（2016年1月）。「死ぬときぐらい好きにさせてよ」のキャッチコピーとともに、大きな反響を呼んだ

2016年に撮影された家族の集合写真。樹木さんから時計回りに内田雅樂、也哉子、本木雅弘、伽羅、裕也、玄兎の各氏

樹木希林 120の遺言

死ぬときぐらい好きにさせてよ

樹木希林

宝島社
文庫

宝島社

本書の刊行にあたって

2018年9月15日、女優の樹木希林さんが逝去されました（享年75）。

樹木さんはドラマや映画だけでなくテレビCM、ドキュメンタリー番組のナレーションと、さまざまな分野で活躍されてきました。本書はそんな樹木さんが、小社の企業広告に出演したことがご縁となって、実現したものです。

生前の樹木さんは、女優業のかたわらテレビ、新聞、雑誌などの取材に応え、数多くの「メッセージ」を残しました。本書はそのなかから、生・老・病・死など普遍的なテーマを中心に言葉を厳選し、1冊に編んだものです。

固定観念や常識にとらわれず、人生を面白がり、どんな困難も自分の〝栄養〟とする――そんな樹木さんが遺した多くの言葉は、私たちが人生で直面する「壁」を乗り越えようとするとき、大きなヒントになるはずです。

本書を制作するにあたり、樹木さんの発言の転載・引用を快諾いただいたテレビ局、新聞社、出版社などの各社、貴重な写真を提供いただいた写真家ほか関係各位に、心より御礼を申し上げます。

まえがきにかえて

「自然体とはどういうことか」を教えてくれた希林さん

養老孟司

希林さんに初めてお会いしたのは、平成五年くらいではないかと思う。NHKスペシャルの「脳と心」というシリーズで、キャスターとしてスタジオで共演したときである。当時の新技術コンピュータ・グラフィックを駆使したのはいいが、照明を変えるたびに調整時間がかかる。十五分から三十分、空いてしまう。それが何度も繰り返される。その間、私と希林さんは暇である。しかも一時間ほどの番組を総計五本撮るのだから、全体でのべ半月くらい、かかったのではないだろうか。

その暇の間に、すっかり希林さんと仲良くなってしまった。別に何をするというのではない。おしゃべりするだけである。どういう話だったか、それはそれこそ、この本を読めばわかる。与えられた能力を精一杯駆使して生き、でも余裕をもって人生を送り、おかげで十分に成熟した人でなければ、語れない内容である。希林さんの話を聞いたことが、あの番組に出た最高の報酬でしたね。

それぞれ別に控室があるから、年中顔を合わせるわけでもない。でも親しくなってくると、相手の部屋に顔を出すようになる。希林さんは来ないが、私が家内を一緒に連れて行ったりする。そうすると、希林さんはソファで横になっている。「私は体力がないからねえ」と言って、休んでいる。横になって話をするのである。それで相手に違和感を抱かせない芸がある。ああ、自然体というのはこういうことか、と思った。そのうち娘さんの也哉子さんが訪ねてきたりして、当時はまだ高校生でスイスの学校に行っているということだったが、やはり自然体だった。

横になって寝ていたオバさんが、NHKで一番広いというスタジオ109に現れて、いざ撮影ということになると、二、三十人いるスタッフにサッと緊張が走る。撮影が始まると希林さんが全体を仕切ってしまう。見事なものでしたよ。男でいえば、将の器がある。身体は小さいし、声だってとくに大きいわけではない。印象的な女性でしたね。

目次

本書は、2019年2月に小社より刊行した単行本『樹木希林 120の遺言 死ぬときぐらい好きにさせてよ』を文庫化したものです。

ブックデザイン　鈴木成一デザイン室
本文DTP　一條麻耶子

第一章

生

――人生と幸福について

Kirin's Will

001

幸せというのは
「常にあるもの」ではなくて
「自分で見つけるもの」。

映画『海よりもまだ深く』公開時のインタビューで、自身にとっての「幸せ」について問われて。 ——2016年6月

どうやったら他人の価値観に振り回されないか？ 「自立すること」じゃないでしょうか。自分はどうしたいか、何をするべきか、とにかく自分の頭で考えて自分で動く。時に人に頼るのもいいかもしれないけれど、誰にも助けを求められないときにどうするかくらいは考えておかないと。もっと言えば、その状況をおもしろがれるようになるといいですね。幸せというのは「常にあるもの」ではなくて「自分で見つけるもの」。何でもない日常や、とるに足らないように思える人生も、おもしろがってみると、そこに幸せが見つけられるような気がするんです。

Kirin's Will

002

人のこと、
「いいねぇ、あの人いいねぇ」って
思ってるうちに、だんだんだんだん、
こっちが思えば、
向こうもいいものをくれる。

クリエイター・箭内道彦さんのインタビューに答えて。
――2013年4月

人のこと、「いいねぇ、あの人いいねぇ」って思ってるうちに、だんだんだんだん、こっちが思えば、向こうもいいものをくれる。

そういう関係になったら、私なんかいっぱい恩恵もらっちゃってるわけ、人から。っていうことがあるから、最近はもう、人に言うの。「あんたね、ご利益もらいたくない？」って。

「もらいたい」って言うからね、「自分の人生ね、本当にそういう風になるにはね、愚痴こぼさないとなるよ」って。そしたら「でも出ちゃうんですよ」って言うから、それは思うからなのよ。ね、愚痴という形に思わなければいいの、なんて思うのね。

Kirin's Will

003

私は全てのものに対して、絶対こうでなければいけないという鉄則はないと思ってるんです。たとえば私の顔。これはミスして出て来ちゃったわけですよ(笑)。でもこのミスを活かそうと思ってやってきた。

雑誌のインタビューで、自身の価値観、人生観を語って。
――2002年8月

家を建てた時に、もう一つ建築家にお願いしたことがあるんです。それはたとえば現場で設計図とは違うところに穴をあけてしまったとか、間違えてしまった時には、声をかけて下さいということなんです。そういう時に、わざわざ取り替えたり、直したりしないで、そのミスを活かしたいわけです。もしかしたら当初の設計よりも面白い物が出来るかも知れないでしょう？　直しちゃったら、ミスはミスのままだけど、それでまた別のことができたら、ミスが活かされたことになると思うんです。私は全てのものに対して、絶対こうでなければいけないという鉄則はないと思ってるんです。たとえば私の顔。これはミスして出て来ちゃったわけですよ（笑）。少なくとも美人女優という枠には入らない。でもこのミスを活かそうと思ってやってきた。今はミスがむしろ面白い顔として受け入れられる時代ですけれど、それこそ40年前は、女中さん役の顔だってミスは許されなかった。その中で私がこうして生き残れているのは、ミスを活かそうとしてきたからじゃないかと思いますね。

004

一人でいても二人でいても、
十人でいたって寂しいものは寂しい。
そういうもんだと思っている。

文学座の同期生、橋爪功さんとの対談で。
――2016年6月

今、国のせいにしたり、上がこうやってくれないとか夫や子どもがこうだとか言って、人のせいにする人が多いでしょ。私にも「大きい家に一人でいて寂しくないですか」なんて言う人がいるんだ。でも私には、誰かが一緒にいれば寂しくなくなるっていう感覚がないのよ。一人でいても二人でいても、十人でいたって寂しいものは寂しい。そういうもんだと思っている。

Kirin's Will

005

自分の中の持って生まれた綻《ほころ》びっていうか、人間としてのダメなものを修繕しながら生きているっていう感じはするんですよね。

テレビ番組で北大路魯山人が遺した「人はいつ死んでもよいのである。人はこの世に生まれて来て、どれだけの仕事をしなければならぬときまったわけのものではない」という言葉が気に入っている理由を、自らの仕事や生き方と照らし合わせて語って。

――2017年8月

私、自分もね、こうやってたまたま役者を生業《なりわい》としているんですけれども、言ってみれば、名前が売れたいわけでもない、そこそこ食べられていけばいい、そこそこ面白いことがあればいいくらいのことであるから、何の不満もないんですけど。ただ、まぁやんなきゃいけないっていうことは、自分の中の持って生まれた綻《ほころ》びっていうか、人間としてのダメなものを修繕しながら生きているっていう感じはするんですよね。今となってみると。

　70過ぎてはとくにそうですね。繕いながら、なるべく……仕事をするために生きているわけでもない、こうしなきゃいけないということもないけど、少しずつ繕いながら、糸でこう……。そういう感じで自分でいるので、まぁ、あの言葉がそうなったのかな。

006

自分で〈人〉を見極めるためには、
一人にならなければならない。

事務所を閉じ、マネジャーとも契約を解消し〝一人立ち〟する決意をインタビューで語って。

――1988年7月

自宅前の道路で（2015年）©『週刊現代』（講談社）／撮影＝菊池 修

Kirin's Will

007

人間が抱えられるものには
限度があって、それ以上、
抱えようとしても抱えきれない。

事務所に所属せず、マネジャーもつけない役者生活について問われて。
——2018年7月

　留守番電話もあるし、それで通じないなら仕方ないわけで。今までも、この役を他の人に持っていかれたら嫌だと思ったことなどないし、どうぞ持っていって、持っていってという感じですから。人間が抱えられるものには限度があって、それ以上、抱えようとしても抱えきれない。だから洋服でも物でも、いいねといわれた物はあげてしまう。あげることで、物が生きるでしょ。その代わり、自分はもらわない。

Kirin's Will

008

「もっと、もっと」という気持ちをなくすのです。

「こんなはずではなかった」

「もっとこうなるべきだ」という思いを一切なくす。


映画『モリのいる場所』公開時のインタビューで、がんになってからの心境の変化を語って。　――2018年5月

「もっと、もっと」という気持ちをなくすのです。「こんなはずではなかった」「もっとこうなるべきだ」という思いを一切なくす。自分を俯瞰して、「今、こうしていられるのは大変ありがたいことだ、本来ありえないことだ」と思うと、余分な要求がなくなり、すーっと楽になります。もちろん人との比較はしません。

これはやはり、病気になってから得た心境でしょうね。いつ死ぬかわからない。諦めるというのではなく、こういう状態でもここまで生きて、上出来、上出来。そのうえ、素敵な作品に声をかけていただけるのですから、本当に幸せです。

009

嫌な話になったとしても、顔だけは笑うようにしているのよ。

新聞のインタビューで、死を意識してからのことを語って。
——2009年2月

嫌な話になったとしても、顔だけは笑うようにしているのよ。井戸のポンプでも、動かしていれば、そのうち水が出てくるでしょう。同じように、面白くなくても、にっこり笑っていると、だんだんうれしい感情がわいてくる。だいたい私は仏頂面なので、「なあに」なんて言っただけでも、裕也さんに「怒ってんのか」と言われちゃう（笑）。そうならないようにね。

Kirin's Will

010

子供の時に他人と比較する
無意味さを知ったので、
受賞してもしなくても、何とも思わない。

新聞の連載インタビューで、映画『東京タワー　オカンとボクと、時々、オトン』で日本アカデミー賞最優秀主演女優賞を受賞したことについて語って。

——２０１８年５月

子供の時に他人と比較する無意味さを知ったので、受賞してもしなくても、何とも思わない。ただし、芸能ごとなんだから、世間が賞を楽しんでいるなら「さいですか」と言ってありがたくいただこうと思うの。でも、トロフィーはかさばるからイヤね。

4年前に旭日小綬章をもらった時はどうしようかと思ったわね。そしたら内田がね、「四の五の言わずに、おとなしくいただいとけ」と言ったの。「ロックンロール！」しか言わない人かと思ったら、「四の五の言わず」だって。私って、いかにも四の五の言いそうじゃない？　よく分かってるなあと感心したわよ。

Kirin's Will

011

ときめくことは大切。
自分が素敵になれば、
それに見合った出会いも訪れるものです。

映画『海よりもまだ深く』公開時、共演者である阿部寛さんとの対談で。雑誌の読者に向けての一言。

——２０１６年５月

撮影の時には、スタイリストもヘアメイクもつけない。すべて自分で準備した（2016年）
©『FRaU』（講談社）2016年6月号／撮影＝荒木経惟

Kirin's Will

012

結婚は
分別がつかないうちに
した方がいいよ。

半生を振り返る新聞のインタビューで、娘・内田也哉子に
ついて語って。19歳で結婚を決めた娘にかけた言葉。
――2015年5月

子供は世の中に育ててもらったって感覚ね。仕事場にも平気で連れていったし、由利徹さんなんて、父親がいなくて寂しい思いをしてるだろうと、よく電話をかけてきたわね。「也哉子いる?」って。いろんな人から愛情をもらって育ってきたようなものね。

高校のときには、「お母さん、どこか留学していいかな」と言って、自分でスイスの学校を見つけてきた。親離れしてたからね、早い時期に。あんまり親が子供を保護しすぎるのも親離れしないんじゃないかな。

19歳で結婚したときも、学校に行った方がいいかなって聞くから、「あのね、学校はいつでも行けるけど、結婚は分別がつかないうちにした方がいいよ」って言って(笑)。最近はみんなだんだん結婚しなくなってきてるでしょ。子供は早く産んだ方がいいし、だから今、彼女は3人の子供を育ててるけどね。

Kirin's Will

013

深刻になることもあるけど、「遊びをせんとや生まれけむ」の心を忘れないようにしてる。芸能ごとに携わる人間ですから。

新聞の連載インタビューで、「悠木千帆」の芸名をオークションで売り、樹木希林を名乗ることになった経緯を語って。

――2018年5月

辞書を開いて適当に付けました。音が重なるのが好きでね、娘にも「也哉《やや》子《こ》」と付けたくらいです。別に「ちゃちゃちゃりん」でも良かったんだけど、漢字が当てられなかった。ドラマ「ムー」に出ている時でね、久世光彦《くぜてるひこ》さんに「誰だか分からないから、買い戻してくれない?」と頼まれました。「みっともないでしょう」と突っぱねました。

「じゃあ、母啓子《ハハ》という名前はどうだ」と久世さんから提案されてね。啓子は私の本名。「年を取ったら、濁点を付けて、母(ババ)啓子にするんだ」と。母啓子の方が面白かったかな。でも、もう変えないわよ。改名するのはくたびれるのよ。

改名もそうだけど、私はとにかく先に走り出しちゃうんです。でも、突拍子もないことを思いつくのが私たちの仕事じゃないかしら。深刻になることもあるけど、「遊びをせんとや生まれけむ」の心を忘れないようにしてる。芸能ごとに携わる人間ですから。

Kirin's Will

014

失敗したらね、そこからスタートなの。あんまり深く考えない。

日本全国の骨董を訪ねるテレビ番組で、自分で着物を仕立て直して着る時に考えることを語って。

――2011年8月

私はね、元に戻らないの。やり直しってのをしないの、そこからスタートするの。やり直してる時間がないって感じなの。だから、失敗したらね、そこからスタートなの。

今もこれ、落っこちちゃったでしょ。そうしたら、そこからスタートなの。

あんまり深く考えない。

Kirin's Will

015

持っているもので、
なんでもやっていくだけ。

雑誌のインタビューで、当日のコーディネイトについて
語って。
——2018年5月

今日は、まったくのノーメイクです。お化粧をしなくてもいいかしら、と編集部の方にお願いしました。そのほうが、ありのままの皮膚感が出て、いいんじゃないかと思って。

ワンピースは、着物を仕立て直したもの。もちろん自前です。上に羽織っているグレーの絞りのボレロは、もともとスカーフでした。私には長すぎて使いにくかったので、ちょっと縫って手を通せるようにして、ボレロにしたのです。すばらしい、というほどのアイデアじゃないわよ。持っているもので、なんでもやっていくだけ。もう、新たに何か買わないことにしているのです。ものを整理して、減らしながら、使えるものは生かしていく。だって、もったいないもの。だから、考えて、工夫する。アイデアが浮かぶと嬉しいし、ちょっとおもしろいでしょう？

Kirin's Will

016

私のことを怖いという人もいるみたいだけど、それは私に欲というものがないからでしょう。欲や執着があると、それが弱みになって、人がつけこみやすくなる。

映画『あん』公開時のインタビューで、女優業に対する思いを語って。

——2015年6月

私のことを怖いという人もいるみたいだけど、それは私に欲というものがないからでしょう。欲や執着があると、それが弱みになって、人がつけこみやすくなる。そうじゃない人間だから怖いと思われてしまうのね。

私は女優の仕事にも、別に執着があるわけじゃないの。それよりもまず、人としてどう生きるかが大事。だから普通に生きてますよ。掃除もするし洗濯もする。普段から特別、役作りというのもしません。現場で扮装をしたら勝手にその役の気持ちに入り込んでしまう。私の場合、女優業ってそれくらいのことなの。

Kirin's Will

017

楽しむのではなくて、面白がることよ。楽しむというのは客観的でしょう。中に入って面白がるの。面白がらなきゃ、やってけないもの、この世の中。

「老い」と「死」をテーマにした雑誌のインタビューで。「死」をテーマにした地方でのトークイベントで語った、帰国子女である知人の娘が父親の臨終に立ち会った際のエピソードを振り返って。

——2017年5月

で、「パパ！」「起きてよ！」ってみんなで必死に願うじゃない。心電図のモニターの波がツーツー、ツーーーって消えそうになると。でもって、そうすると何か聞こえるらしくて、ツーツーってまた波が戻るんですって。(中略)で、またツーーーってなると、「パパー！」「生きてぇ！」ってなる。ところが、「パパー！」って何回も繰り返しているうちに、だんだんみんなくたびれてきちゃったのね。で、何度目かにまたツーーーってなったときに、娘さんが「パパ！　生きるのか、死ぬのか。どっちかにして！」って。

爆笑だったわね。死をテーマにした会場中が。でもわかるわよね、この気持ち？　さらにこの話は続きがあって、そのあと火葬場で待つじゃない。お骨になるまで。部屋で待っていると、1時間くらいして係の人が報告にきた。そうしたらその娘さん、「みなさーん、いまパパが焼き上がりました」って。

面白いわよねぇ、世の中って。「老後がどう」「死はどう」って、頭の中でこねくりまわす世界よりもはるかに大きくて。予想外の連続よね。楽しむのではなくて、面白がることよ。楽しむというのは客観的でしょう。中に入って面白がるの。面白がらなきゃ、やってけないもの、この世の中。

018

私の中に、愚痴って言葉がないのよ。

クリエイター・箭内道彦さんのインタビューに答えて。
――2013年4月

私の中に、愚痴って言葉がないのよ。「こうだったのに」とか、「あぁだったのに」って…、そういうものに出会ってしまった自分、という風に思うから。愚痴にならないのよ。食いっぱぐれたら、食いっぱぐれたような自分の生き方っていう風に思っちゃうんだよね。

019

自分の判断を超えるものに対して、拒否したり溺《おぼ》れたりしないでもう少し自然でいたいなあと思うのね。だって、それほどわたしは強くも弱くも偉くも駄目でもないんだもの。

雑誌の連載で神や宗教的なものについて綴って。

――1977年9月

わたしの場合は仏教徒だから、無神論者じゃないんだけど、だからって釈迦や日蓮や親鸞や空海や道元や……を拝んだことはないのね。迫力ある生を生きて、しっかりと死んだ、神の心にまで至ったステキな人間だという感動はあるし、計りしれない敬意は持ってても……。私にとっての神は、光みたいなもんだと思うのね。「神様のバチが当たる」っておどかされて、よくおどろいたんだけど、神様ってのは、そんなセコいもんじゃないと思うのね。拝むと功徳があって、拝まないとバチをあてるなんて裏口入学みたいなかけ引きするわけないもの。光は、生をうけたもの全部にあたるんで、ただ、うけとるこっち側が、スモッグがかかってるか晴れてるかによってその光は、くすぶったり、輝いたりするんだと思うのね。いずれ科学も進歩して、心を反射する光を究めることができるかもしれないけど、それまでは、自分の判断を超えるものに対して、拒否したり溺《おぼ》れたりしないでもう少し自然でいたいなあと思うのね。

だって、それほどわたしは強くも弱くも偉くも駄目でもないんだもの。

020

私の原点は婆娑羅（ばさら＝常識や道徳を打ち破る行為を意味する仏教用語）とかゲリラ。

半生を振り返る新聞の連載インタビューで、自身の原点を語って。

——2005年7月

私、代表作がないんです。代表作がないまま終わるのかなって。私の原点は婆娑羅（ばさら＝常識や道徳を打ち破る行為を意味する仏教用語）とかゲリラ。でも、ゲリラが原点とか言ってたって、体を張るような年齢ではないですからね。不満なまま終わっちゃったってとこかしら。それも人生ですけど。

Kirin's Will

021

えっ、私の話で救われる人がいるって？
それは依存症というものよ、あなた。
自分で考えてよ。

「老い」と「死」をテーマにした雑誌のインタビューで、「死」の受け止め方について語って。
——2017年5月

「老い」とか「死」とか、そういうテーマの取材依頼がたくさんきて、困っちゃうのよ。何も話すことなんてないんだから。「死をどう思いますか」なんて聞かれたって、死んだことないからわからないのよ。ひとつ（取材を）受けるとキリがなくなるでしょ。だから全部お断りしているんです。映画の宣伝のときは仕方ないけど。

私がこういう取材を受けるメリットはどこにあるの？　あなた方のメリットはわかるの。えっ、私の話で救われる人がいるって？　それは依存症というものよ、あなた。自分で考えてよ。

Kirin's Will

022

謝れば逃げ切れるって思ってるみたいだけど、みんな逃げ方が下手よね（笑）。謝るなら心からちゃんと謝る、謝らないなら謝らない。

映画『海よりもまだ深く』公開中、写真家・荒木経惟さんとのフォトセッショングラビアのインタビューで。
――2016年6月

〝これは大変なことになった！〟なんて慌てるのは一瞬だけ。あとは、騒動を収めるために、形式ではなくて、気持ちに沿った行動をとるようにはしています。だから、不祥事があって、テレビでみんな頭を下げてるじゃない？　ああいうのを見ると、「頭を下げても、絶対にお客は許してないってこと、本人、わかってやってるのかなぁ」って思う。私なら頭は下げないな、って。とくに組織に属している人は、謝れば逃げ切れるって思ってるみたいだけど、みんな逃げ方が下手よね（笑）。謝るなら心からちゃんと謝る、謝らないなら謝らない。謝る代わりに、「結果として、こういう不祥事を起こしました」とか、納得いくように説明すればいいんじゃないかなって、よくテレビを見ながら思いますね。

Kirin's Will

023

人間はあした地球が滅ぶとわかっていても、きょうリンゴの木を植えなきゃならないものなのよ。そういうふうに考えて生きていきましょうよ。

新聞のインタビューで、乳がんが見つかった後の生活と心境について問われて。 ——2012年4月

普段はまったく化粧をしなかった。
1990年、47歳の時の素顔 ©朝日新聞社

Kirin's Will

024

人から評価されるのは危険なことです。

旭日小綬章を受章して、会見で記者に後進への言葉を求められて。
——２０１４年11月

人から評価されるのは危険なことです。賞をもらった時に自分を見失わないようにすれば、次につながる。

025

あたり前にまず物事を考えないと、
あたり前に自分が成長していかない。

児童文学作家・灰谷健次郎さんとの対談で、私生活において自分でできることは自分でやるということについて語って。

――1985年9月

自分をあたり前のところへ置くという作業をできるだけやってるわけです。あたり前にまず物事を考えないと、あたり前に自分が成長していかないのと……。感じとれないのと……。それからあたり前のことが子供に伝わっていかないっていう、それだけのことなんですけどね。ところが、そういう人が少ないから、人が見ると不思議に見えるらしいですね。

『宝石』(光文社)1985年9月号

Kirin's Will

026

本物だからって
世の中に広まるわけじゃないのよ。
偽物のほうが広まりやすいのよ。

インタビューで、「いいコピーとは？ あるいは、いい広告とは？」と問われて。
——2016年11月

本物だからって世の中に広まるわけじゃないのよ。偽物のほうが広まりやすいのよ。偽っていう字は人の為って書く。人の為だと思って一生懸命作るんだけど、その裏側に、薬害だったり、いろいろなことがある。だからそんなに、本物ばっかりが世の中にあるわけじゃないんだと思うと、それを売らなきゃなんない広告の仕事というのは、ある意味で責任があると思うの。かといって、そこばっかりを考えると面白くない。商品のダメさをちゃんと作り手がわかってて、でもその中のいい部分はここだよというところを見つけて、そして遊んでもらいたいという風に思うのね。だって人間は絶対そうじゃない。

027

どうぞ、物事を面白く受け取って
愉快に生きて。
あんまり頑張らないで、
でもへこたれないで。

ニューヨークでインタビューに答えて。
――2018年7月

メッセージ？　そんな先のない私がメッセージっていうのもなぁ。

あの、おこがましいんですけども、ものには表と裏があって、どんなに不幸なものに出会っても、どこかに灯りが見えるものだというふうに思ってるの。

もちろん、幸せがずっと続くものでもないから、何か自分で行き詰まった時に、そこの行き詰まった場所だけ見ないで、ちょっと後ろ側から見てみるという、そのゆとりさえあれば、そんなに人生捨てたもんじゃないなというふうに今頃になって思ってますので。

どうぞ、物事を面白く受け取って愉快に生きて。お互いにっていうとおこがましいけど、そんなふうに思っています。あんまり頑張らないで、でもへこたれないで。

雑誌のインタビュー撮影時、やさしい眼差しをカメラへ向ける（2018年）　撮影＝五十嵐美弥

第二章

病

——がんと病いについて

Kirin's Will

028

気づきをしないと、もったいないじゃない？　せっかく大変な思いをするのに、それを「こんなふうになってしまって」と愚痴にしていたら、自分にとって損ですから。

映画『あん』公開時のインタビューで、病気になって得た気づきについて語って。

――2015年6月

病気のおかげで、いろいろな気づきもありましたね。だって、気づきをしないと、もったいないじゃない？　せっかく大変な思いをするのに、それを「こんなふうになってしまって」と愚痴にしていたら、自分にとって損ですから。私は病気については、「あ、そうきたか」と捉えています。

でも別に、気づかなくたっていいのよ。自分の身になにかが起きたとき、そこでアップアップする生き方もあると思うの。そして気がついたら、「あらーっ」と棺桶に入っている場合もあるから。それはそれでいいと思いますよ。ただ私はたまたま、自分にとって得なほうの考え方を選んだわけ。

Kirin's Will

029

がんになって、整理を始めました。撮影が終わると台本は処分して、衣類や食器など1日1点は捨てるようにしています。物がない暮らしはさっぱりするんですよ。

新聞のインタビューで、がん告白後の生活について語って。
――2018年8月

がんになって、整理を始めました。撮影が終わると台本は処分して、衣類や食器など1日1点は捨てるようにしています。物がない暮らしはさっぱりするんですよ。

2005年に右乳房を全摘出しました。切るのは簡単、でも生活の質を下げない治療法を探すのは大変です。病院通いで一生を終えるぐらいなら、なまじ命なんてなくてもいいと思うの。

ただ、私のやり方が誰にもいいとは限らないから、人には勧めません。私は抗がん剤はやらないと決めたけど、抗がん剤が効く人もいるからね。自分の後始末はするけど人の心配までしていられない。相談されたら「もっと勉強してごらん、自分の体をよく知ってごらん」と答えています。

030

病気になったことでメリットもあるんですよ。賞を取っても、ねたまれない。少々口が滑っても、おとがめなし。ケンカをする体力がなくなって、随分腰が低くなったし。

新聞の連載インタビューで、半生を振り返って。
――2018年5月

その後、体のあちこちに転移したので、最近は年1回、鹿児島の病院へ放射線治療を受けに行ってました。1日たった10分の照射。でも1カ月かかるのよ。人生を見つめ直す良い機会になったけれど、飽きてくるでしょ。「先生、1週間で仕上げてもらえませんか。少々焦げてもいいですから」って言ったんだけど。

でも、闘病しているという気持ちは全然なかったわね。抗がん剤治療で苦しむ患者さんを何人も見ました。でも、私の治療法だと、生活の質が全く落ちなかった。だから、とても満足しています。

病気になったことでメリットもあるんですよ。賞を取っても、ねたまれない。少々口が滑っても、おとがめなし。ケンカをする体力がなくなって、随分腰が低くなったし。そう言うと「ウソだろ」って突っ込まれるけど、若い頃はこんなもんじゃなかった。本当に偉そうだったんですよ。

031

私は何でもおもしろがれるの。

半生を振り返る新聞のインタビューで、右乳房摘出手術後の治療について問われて。

――2005年7月

私は何でもおもしろがれるの。病気に対しても。おもしろがるためには（治療などを）やめとこうじゃないかと。お医者さんは「言ったってきかないだろう」ってあきらめてます。

032

「痛い」じゃなくて、「ああ気持ちいい」って言い換えちゃう(笑)。それが当たり前なんだと受け取って生活していく面白さっていうのがあるなって思うんだ。

橋爪功さんとの対談で、互いの健康状態について話して。
——2016年6月

私は最近、放射線治療の後遺症じゃないかと思うんだけど、肩がゴキン、ウアッてなることがあるの。そういうとき「痛い」じゃなくて、「ああ気持ちいい」って言い換えちゃう（笑）。それが当たり前なんだと受け取って生活していく面白さっていうのがあるなって思うんだ。

私にはいい塩梅にがんっていうのがあるから、いろんな意味で有効に使ってるのよ。何かを断るときには「もうがんが大変なの」とさえ言えば、「あっ、そうですね」となるし。まあでも病気をしてから少し謙虚になりました、私。

033

がんがなかったら、
私自身がつまらなく生きて、
つまらなく死んでいったでしょう。
そこそこの人生で終わった。

医師・鎌田實さんとの対談で、がんの治療生活について語って。
――2012年2月

がんがなかったら、私自身がつまらなく生きて、つまらなく死んでいったでしょう。そこそこの人生で終わった。がんというのはね、切って終わりじゃない。世の中に切った人はいっぱいいるんでしょうけれど、同病相憐れむで「つらいわね」と時々、手をつなぎたくなるときがあります。

みんなどんなかたちであれ人生は終了する。私の場合、いつも死を目前にしなきゃならないがんに対してはありがたいとは思う。がんだけではないんです。東日本大震災や津波、中国の高速鉄道事故のようなことがあっても、自分はそのなかには入らないと普通は思う。でも、やっぱり「そのなかの一人」なんだなという確信を持つわけですね。

034

ガンになって死ぬのが一番幸せだと思います。畳の上で死ねるし、用意ができます。片付けしてその準備ができるのは最高だと思っています。

映画『神宮希林　わたしの神様』公開時のインタビューで、がんについて語って。
――2014年5月

皆さん私がガンを患っているのをご存知ですので（最初は10年前に乳ガンが発覚）、お医者さんから私のガンは全身ガンですと教えてもらったので、それをたまたまああいうカタチでお伝えしただけなんですよ。お騒がせしました（笑）。全身ガンという名称から身体中がガンだらけだと想像されるんでしょうが違うんです。ピンポイントの治療方法がよく効いて、体に影響する大きなガンは消えている状態です。小さいのはまだあると思うし、いつまた大きくなるのかは分かりませんが、今は普通の生活をしています。一応調子はいいんですが、でも不養生しているとどこかに出るんです。でも昨晩ワインを1本空けちゃいましたけどね（笑）。ガンになって死ぬのが一番幸せだと思います。畳の上で死ねるし、用意ができます。片付けしてその準備ができるのは最高だと思っています。内田に言われました。「全身ガンで明日にでも死ぬのかと思っていたら、やたら元気でいろいろなところに顔を出すので、あれはガンガン詐欺（笑）だと思われているよ」って。

Kirin's Will

035

人生がすべて必然のように、
私のがんも
まったく必然だと思っています。

映画『あん』の原作者・ドリアン助川さんとの対談で、自身のがんについて語って。
――2015年6月

人生がすべて必然のように、私のがんもまったく必然だと思っています。父方のお祖母さんが乳がんだったから、遺伝子の中にあるかもしれない。ただ、お祖母さんはがんを切って、そのあとも相当長生きしていましたからねえ。それもたいへんな治療をやってへたばっていたという記憶はないの。今ほど医療が発達していない時代よ。だから、私もがんが見つかったとき、そんなに医者に通いつめなくても生きていけるんじゃないかなって思ったんですね。

二十代の頃から飼っていたコラット猫は、脚本家の向田邦子さんから譲り受けた（1973年頃）

第三章

老

——老いと成熟について

036

年を取ったら、みんなもっと
楽に生きたらいいんじゃないですか。
求めすぎない。
欲なんてきりなくあるんですから。

「私の年の重ねかた」がテーマの雑誌インタビューに答えて。
――2008年6月

年をとってパワーがなくなる。病気になる。言葉で言うといやらしいけど、これは神の賜物、贈りものだと思います。終わりが見えてくるという安心感があります。年を取ったら、みんなもっと楽に生きたらいいんじゃないですか。求めすぎない。欲なんてきりなくあるんですから。足るを知るではないけれど、自分の身の丈にあったレベルで、そのくらいでよしとするのも人生です。

かつては情熱を燃やした不動産も、さほど興味がもてなくなりました。いい意味で、娑婆《しゃば》っ気みたいなものがなくなったんですね。

037

年を取るって、絶対に面白いことなの。
若い時には「当たり前」だったことができなくなる。それが不幸だとは思わない。
そのことを面白がっているんですよ。

別所哲也さんとの対談で、老いとがん治療について語って。
——2014年10月

年を取るって、絶対に面白いことなの。若い時には「当たり前」だったことができなくなる。それが不幸だとは思わない。そのことを面白がっているんですよ。老いは当たり前に来るものなのでブレーキはかけない。やってきたように死んでいくんじゃないかな。

今はマネジャーもスタイリストもいないの。きょうも一人でここまで来ました。仕事の管理は、留守電一台でやっています。一人でできなくなったら、おしまい。そうね、最後のセリフは「今世《こんせい》は、これにてご無礼いたします」。いいセリフでしょ。

Kirin's Will

038

不自由なものを受け入れ
その枠の中に自分を入れる。
年をとるというのは、そういうことです。

映画『あん』公開時のインタビューで、ものを増やさない生活について語って。
――2015年5月

日常生活では、手を抜くことがいちばん。そのためには、徹底してものを増やさず無駄を出さない暮らしをしています。まず買わない。たとえば石けんは、お風呂場にあるひとつだけ。台所にも置かないです。旅先にもそれを持っていきます。そしてホテルのグッズは持ち帰らない。着るものはラクに使えるものばかりです。靴下は3年くらい前に4足1束で売っていた、はき口が広がってる締めつけないものを今も使っています。ブラジャーも締めつけないものでダラっとね。ゆったりといちばんラクに、布をまとっているという着方です。

年をとると、メガネだけでも何種類も増えるでしょ。そういうことをなくしてなるべく使うものを減らす。とにかく減らす。何かと何かを兼用できるとか一生懸命考えて、思いついたときはもう最高に幸せ（笑）。不自由？　もちろん不自由でしょうよ。不自由なものを受け入れその枠の中に自分を入れる。年をとるというのは、そういうことです。

039

こういうふうにしていけば、私みたいなたちの女は美しく老けられるなというものが、ここのところ、ずっと見えてきているつもり。それは要するに、しっかりと仕えることだと思ったんですね。

老舗呉服店六代目「紬屋吉平」の主人・浦沢月子さんとの対談で、「より美しく齢を重ねる」をテーマに語って。

——1980年11月

私が今後年寄りになるまでの方針というのが、大体見えてきた。こういうふうにしていけば、私みたいなたちの女は美しく老けられるなというものが、このところ、ずっと見えてきているつもり。いつどうなるかわからないけれども。それは要するに、しっかりと仕えることだと思ったんですね。ボロ雑巾のようになって仕えて、仕えて。私の場合には、子供、うちの両親、主人に仕えきってそしてバタッと死ねるような人生を生きようと思うんですね。

040

さて人間としてどう終了するかっていうふうに考えると、これはなかなか、「未熟なまんまで終わるもんですねえ」というのが実感だから。

ドキュメンタリー番組で、自身の密着取材の映像を振り返ってのコメント。
――2018年9月

まぁ、材料としてはただただ撮ってただけでも、面白い人間だよね。何にも出てこないタイプの人間ではないよね。

たまたま方便として、役者があったわけだけども、いろんなことがあるわけだけど、さて人間としてどう終了するかっていうふうに考えると、これはなかなか、「未熟なまんまで終わるもんですねえ」というのが実感だから。だから、これがどこらへんまでで完結するかわからないけど、やっぱり最終的には、役者を通して私をつかまえてきたけども、人間として、こういう終わり方しかしなかったんだわねっていうことで、いいんじゃないかなぁ。もう結論というのはね、十人十色あるわけだから。

でも、途中で「あ、あー。私これで終わりみたいね」っていうのもまたよしというふうに考えてる。

Kirin's Will

041

命の質が悪くて
ずっと長く寿命が延びても
意味がないなあと。

映画『あん』の原作者・ドリアン助川さんとの対談で、命の
長さと質について語って。
――2015年6月

医療が発達してるから、命は長くなるんだけれど、命の質が悪くてずっと長く寿命が延びても意味がないなあと。私、大事な人にはちゃんと長生きしてもらいたいと思っていたから、何かあるたびにどぎまぎしちゃっていたんですよ、心がね。だけど、今は仮に隣にいた人がパタッと逝っても、「ああ、この時間だったのね」ってぐらいに思える。気楽ですよ。これも成熟のひとつかな。でも、女優としてはどうなんだろう（笑）。女優として胸があいた華やかな服が似合って、寒くもないっていう体づくりは、若いころからしてきませんでしたねえ。残念だけど、それだけはやり残したことです（笑）。

042

マイナスの出来事も含めて、
自分の栄養かな。

テレビ番組のインタビューで、役者人生について語って。
――2015年11月

人間としてはガタがきたっていう、そこからいろいろ漏れているっていう感じの歳ですねぇ。ずっと55年、役者をやってきて、マイナスも含めて。マイナスはマイナスではないんだね、けっして。マイナスの出来事も含めて、自分の栄養かな。

043

100歳まで長生きしたい
という風潮も、どうなのかしらねえ。
自分が楽しむためなのだろうか、
と考えちゃいますね。

映画『あん』公開時のインタビューで、身じまいの仕方について の考えを語って。
――2015年5月

人間は50代くらいから、踏み迷う時期になるでしょ。若いままでいるのは難しい。だからといって、アンチエイジングというのもどうかと思います。年齢に沿って生きていく、その生き方を、自分で見つけていくしかないでしょう。100歳まで長生きしたいという風潮も、どうなのかしらねえ。自分が楽しむためなのだろうか、と考えちゃいますね。以前、年配者が近くの公園に保育園が建設されると騒がしいから反対している、というテレビ番組を見たことがあって、子どもの声がして楽しいのではなく、うるさいと思うなんてと驚きました。そういう高齢者はきっとまだまだエネルギーも十分あって、自分たちの側から世の中を見ているのでしょうね。それはそれですばらしいけれど、大人として成熟していないとも言えます。子どもの声を楽しいと思わないなんて、いつから日本はこんな国になったのかなあ、寂しいなあ。

Kirin's Will

044

「希林さんは普通に年取ってますね」って
言われたことがあるけれど、
それは褒め言葉だと思っている。

「年をとるのは怖いですか」という雑誌の特集記事のインタビューで。
——2017年5月

いま私のところに、おばあさんの役がいっぱいくるのも、同年代の女優さんたちが「私には、まだ早い」ってやりたがらないからなのよ。実際、みなさん本当にきれいなの。40代の役でもやれると思うわ。私は映画監督の西川美和さんに「希林さんは普通に年取ってますね」って言われたことがあるけれど、それは褒め言葉だと思っている。

Kirin's Will

045

後期高齢者でございます。
もう、この言葉が大好きなの。

出演したテレビ番組で、二十代の頃から演じていた〝おばあさん〟役に自身の年齢が追いついた、という話題になって。

――2018年5月

後期高齢者でございます。もう、この言葉が大好きなの。後期高齢者になったら、もういいでしょと。水戸黄門じゃないけど、助さん格さんもういいでしょ、と。

046

昔もっとみんな歳とった人たちが
いい顔していたような
気がするんですよね。

クリエイター・箭内道彦さんのインタビューに答えて。
――2013年4月

昔もっとみんな歳とった人たちがいい顔していたような気がするんですよね。だけど、歳とった人たちが、今〝アンチエイジング〟っていう、おもしろいことをみんな言うようになって。

顔引っ張ったり、何か入れたり、髪をなんかしたりして、「あたくし歳に見えないわぁ」とか、ってね。まぁ男でもそうだけど、そういう風にしていった結果、何にも味わいのない年寄りが増えたんじゃないかなぁって。それは、私は、そこにいかないように生きたいなぁって、残り、あともうほんとに、ちょっとだと思うけども、そういう顔になりたいなぁと思う。

Kirin's Will

047

60歳を過ぎたら60歳を過ぎたなりの、何かいい意味での人間の美しさっていうのがあるような気がするんです。

宇津井健さんとの対談で、「いろいろやれて、楽しいこともあったでしょう」と問われて。
――2006年12月

楽しくないですよ（笑）。だんだん寝てるだけじゃなくて宙吊りになったり、怒って転んだり、えらい目にあいました。そのときは年寄り役をやるという心構えとか、そんな大層なことじゃなかったんですけど、何だかずっと持続しちゃって（笑）。結局未だにずっとその路線が続いて、仕事がなくならないわけですけど、そうではなくて、60歳を過ぎたら60歳を過ぎたなりの、何かいい意味での人間の美しさっていうのがあるような気がするんです。そういうふうに年をとっていけたらいいんじゃないかなって、それが実感なんですね。

「人生なんて自分の思い通りにならなくて当たり前」と語った雑誌のインタビュー撮影で（2016年）
©『PHPスペシャル』2016年6月号／撮影＝大靍 円（昭和基地¥50）

第四章

人

——人間と世間について

048

（やり残したことは）
私は別にないわよって。
でも、じゃあ、あると言えば
果てしなくあるんですよ、
人間っていうのはね。

がん闘病をテーマにした報道番組に出演した際、「自分の最期を意識して、『これはやっぱり自分がやりたかったことなんだ』と気づかされることがあるか」と問われて。

――２０１６年2月

たとえば、映画の宣伝で、こう言え、こう言えって、言われるの。「やり残したことはありませんか?」なんて言うの。だけど、(やり残したことは)私は別にないわよって。でも、じゃあ、あると言えば果てしなくあるんですよ、人間っていうのはね。だから、そういう意味では〝気楽な〟がん患者ですよね。

Kirin's Will

049

こんな姿になったって
おもしろいじゃない。

朝日新聞が運営するネットメディア『withnews』の企画で、夏休みを前に、生きづらさを感じる若者へのメッセージを綴って。

——2018年7月

昔からの本を読むと　およそ　同じことを言っている
自殺した魂は　生きていた時の　苦しみどころじゃ　ないそうだ
本当かどうかは　わからないけど
信用している

私は弱い人間だから
自分で命を絶つことだけは
やめようと　生きてきた
こんな姿になったって
おもしろいじゃない

KIKI　KILIN　75才

050

世の中でババアこそ革命を起こせる唯一の存在ってこと。

漫画家・バロン吉元さんとの対談で、自身が演じた『寺内貫太郎一家』の寺内きんの役どころについて語って。

——1974年9月

よく子どものころ、三十歳の人を見ると、ああこんな年になると、ずいぶん分別もできるんだろうと思うじゃない。ところが、自分が三十になってみると、子どものときと同じ感情なのね。ものを欲しがったり、人をうらやましがったり、すべて。それじゃ、自分が七十ぐらいの年の役をやる場合、これこそバアさんと思ってやっちゃいけないと思ったの。いまの自分の年でやりゃいい、自分の好みで……と思ったのよ。

それで寺内きんの役をやってて痛切に思うことは、世の中でババアこそ革命を起こせる唯一の存在ってこと。男は、結局、社会的な名誉だとか栄光だとかいうものがなくっちゃ生きていかれないのよね。その点、女はただ生きていかれるというヴァイタリティが本能的にある。だから、ゴキブリと同じで、バアさんが世の中でいちばん強いと思うの。男には革命を起こそうというロマンがあるだけですよ。

Kirin's Will

051

どの夫婦も、夫婦となる縁があったということは、相手のマイナス部分がかならず自分の中にもあるんですよ。それがわかってくると、結婚というものに納得がいくのではないでしょうか。

映画『あん』公開時のインタビューで、夫婦について語って。
——2015年7月

わたしは二十代の頃、人生に飽きちゃったことがありました。この先まだ何十年も生きなきゃいけないの？　って。その頃に出会った、どうにも反りの合わない夫（ロック歌手の内田裕也さん）の存在が、わたしの重しになりました。ああいう夫がいなければ、わたしみたいな人間は野放図《のほうず》になったり、かと思えば、どっと落ち込んだりして、どうなっていたかわかりません。夫がいてくれたおかげで、飽きる暇がなかった。そういうふうにやってこられたことがありがたかったと思っています。人から見たらたいへんなアクシデントでも、わたしにとってはすべて必要なことだったんですね。向こうは迷惑だったかもしれないけど（笑）。

どの夫婦も、夫婦となる縁があったということは、相手のマイナス部分がかならず自分の中にもあるんですよ。それがわかってくると、結婚というものに納得がいくのではないでしょうか。ときどき、夫や妻のことを悪く言っている人をみると、「この人、自分のこと言ってる」と、心の中で思っています（笑）。

Kirin's Will

052

向き合うから欠点が全部見えてくるわけね。

ゲスト出演したテレビ番組で、視聴者からの「夫が嫌いです。どうしたらいいですか?」という相談に答えて。

——2018年5月

向き合うから欠点が全部見えてくるわけね。普通は、あーあ、なんでこんな人と一緒になったんだろうなと思うと嫌いになるわよね。向こうもそう思ってるのね。だから、これが向こうへ、目的に向かっていくのがやっぱりいいんじゃない？

あんまり子供のほうに目を向けると子供も疲れるみたいだから、もっとこう、もっと世の中の自分たち夫婦で何か参加できることだとか、何か探してくださ い。そこまでは私もよくわからない。（中略）（欠点は）あって当たり前なんだから。夫が嫌いですって言ったら、その分だけ、あなたも嫌われてますよ（笑）。

053

自分で壁をつくって閉じこもっている若い人はいっぱいいる。自由に生きていいのに自分で生きにくくしている、そのぜいたくさ。壁なんかないのにね。

映画『あん』公開時のインタビューで、作中の若者と、現代の若者を重ね合わせて語って。
――2015年6月

自分で壁をつくって閉じこもっている若い人はいっぱいいる。自由に生きていいのに自分で生きにくくしている、そのぜいたくさ。壁なんかないのにね。それが伝われば、この役を演じた意味はあったかな。

Kirin's Will

054

風評を膨らませたり、流れを強めたりするのは結局、私たちなのよ。隣近所の目と耳を気にして。でも、その目となり耳となってるのもまた、一人ひとりの「私」。だから、自分はどうなんだって自分を疑ってみることも時には必要じゃないかしら。

日本のハンセン病隔離政策をテーマにした新聞のインタビューで、映画『あん』で元ハンセン病患者を演じた経験を踏まえ、自身の意見を語って。
――２０１６年６月

1930年代に、国は療養所に強制収容して患者を根絶する「無らい県運動」を進めて、密告を奨励したのよね。そのとき、ふつうの人たちが自分を守るために彼らを差し出した。いや、誰かを責めるつもりはないのよ。ただ、風評を膨らませたり、流れを強めたりするのは結局、私たちなのよ。隣近所の目と耳を気にして。でも、その目となり耳となってるのもまた、一人ひとりの「私」。だから、自分はどうなんだって自分を疑ってみることも時には必要じゃないかしら。

今、誰かを排除しようという風潮が強いとしたら、その人たちの不満が言わせているのよ。つらいのね、きっと。それを聞く耳を持っている人がいないから。思うのは、自分の弱さを知るってこと。それを知っておくだけでも無駄じゃない。息苦しい時代に入りつつあるから、余計にそう思うのかしらね。

Kirin's Will

055

私は人間でも一回、
ダメになった人が好きなんですね。

娘・内田也哉子が結婚した時のインタビューで。
——1995年7月

私は人間でも一回、ダメになった人が好きなんですね。たとえば事件に巻き込まれてダメになった人というと言葉はおかしいけれども、一回ある意味の底辺を見たというのかな。そういう人は痛みを知っているんですね。だから、いろんな話ができると同時にまたそこから変化できるんです。

『女性自身』(光文社)1995年7月25日号

056

好きなことをやりたいのなら、
まずは自分の性格を俯瞰してみて、
自分がどういう人間かを承知して、
手を打っておかないと。

ピース又吉直樹さんとの対談で、風呂なし生活が長かった
という又吉さんの話を受けて。
——2015年7月

私はこういう性格だから、自分が食いっぱぐれると思ってたんです。それで大家をやろうと。そうすれば食いっぱぐれないだろうと。誰も手助けのしようもないところまで落っこちちゃうと芥川の『蜘蛛の糸』になっちゃうでしょ。

好きなことをやりたいのなら、まずは自分の性格を俯瞰してみて、自分がどういう人間かを承知して、手を打っておかないと。そういうふうに考えますね、私はね。あなたより生きることに執着があるんですよ。だって風呂なしは嫌だもの（笑）。

057

心のこうべを垂れて、相手に接すると、案外通じるものだなって。

スタジオジブリの鈴木敏夫さんとの対談（東海テレビの番組）で、「謝る」ということについて、自身の経験を踏まえて語って。

――2015年8月

私ね、常に思ってるんですけど、私はいい加減な人間なんですけどね、すぐには謝らないんですよ、いい加減なくせに。だけど時にやっぱりね、心のこうべを垂れるという、そんな気持ちでね。心のこうべを垂れて、相手に接すると、案外通じるものだなって。夫なんかもそうですけどね。

Kirin's Will

058

怒りをも悲しみに変えてしまう日本人をいじらしいと思う。

東海テレビのドキュメンタリー番組で津波で流された石巻市の神社を訪れ、歌人・岡野弘彦さんの震災の歌について語って。

――2013年11月

岡野さんの歌に、怒りをも悲しみに変える日本人のことを詠んだあれがありますけど、お腹の中の怒りというものをやっぱりぶつけるんじゃなくて、怒りをも悲しみに変えてしまう日本人っていうのを、何か、とっても感じましたね。いじらしい。私も人間ですから、いっぱいいろんなものを背負ってますけど、それでも、これだけのものを乗り越えて生きなきゃならない愛おしさというか、いじらしい。そこに胸が詰まりましたね。神社自体が小さくて、本当に、本当になんか小さい。それでもよすがにするというね、そこが。

一言で言えば、人間っていいもんだなあっていうふうに思いました。

059

端から見て
良さそうに見えているものが、
案外その人にとって
辛かったりするものがあるから、
みんなそれぞれだから。

クリエイター・箭内道彦さんのインタビューに答えて。
――2013年4月

東京なんか雪が降ると喜んじゃうけど、そうするとすぐ麻痺しちゃって、交通が。だからそれと同じ。人間の物の考え方も、やっぱりそうじゃないか。端から見て良さそうに見えているものが、案外その人にとって辛かったりするものがあるから、みんなそれぞれだから。

あんただけがさみしいわけじゃないよ、あんただけが辛いわけじゃないよ、ね。能天気なように見えるけど、それはそんなに幸せじゃないよっていうようなものだから、もう自分の感覚を全部マイナスになりそうなときに、マイナスに考えないっていうね。

060

人間って存在そのものがこっけいで、
それでいてかわいくて、悲しいもの。

テレビドラマ『魚心あれば嫁心』出演時のインタビューで。
――1998年2月

人間って存在そのものがこっけいで、それでいてかわいくて、悲しいもの。もう世代交代の時期ですからね。必要に応じて身を引いて行こうと思うんです。これからは自分を小さく、小さくして、わが身を大事にしていきたい。

061

お金や地位や名声もなくて、傍からは地味でつまらない人生に見えたとしても、本人が本当に好きなことができていて「ああ、幸せだなあ」と思っていれば、その人の人生はキラキラ輝いていますよ。

映画『海よりもまだ深く』公開時のインタビューで、自身の思う「幸せ」について語って。

――2016年6月

こんなはずでは……というのは、自分が目指していたもの、思い描いていた幸せとは違うから生まれる感情ですよね。でも、その目標が、自分が本当に望んでいるものなのか。他の人の価値観だったり、誰かの人生と比べてただうらやんでいるだけなのではないか。一度、自分を見つめ直してみるといいかもしれませんね。お金や地位や名声もなくて、傍からは地味でつまらない人生に見えたとしても、本人が本当に好きなことができていて「ああ、幸せだなあ」と思っていれば、その人の人生はキラキラ輝いていますよ。

Kirin's Will

062

やっぱり稼いだ人は、
その責任があると思うんですよ、
お金を得ただけの。

クリエイター・箭内道彦さんのインタビューで、「お金って
いらないいんじゃないかと思うのよ」と語って。
——2013年4月

お金の使い方間違えちゃうのよね。うん、そう。

でもね、稼ぎ方は私はしょうがないと思うの。需要とあれだから。あの、うん、いいと思う。人間が何が値打ちが違うかと言ったら、使い方で人間の値打ちが違ってくるわけよね。やっぱり稼いだ人は、その責任があると思うんですよ、お金を得ただけの。その責任をどうやって果たすかによって、つまんない人生になってしまうか、愚痴の多い人生になってしまうか…なんて思うのね。

お金ってある程度手にしちゃうと、家買って、車買って、生活がそこそこ楽になると、そのあと使いようがないんだよね。

063

何に対しても、基本は機能的であることですね。

雑誌のインタビューで、「機能美」について語って。

――2002年8月

何に対しても、基本は機能的であることですね。家を造るときにも、建築家にお願いしたのは、石は石、木は木、真鍮は真鍮、硝子《ガラス》は硝子という、その良さをただ活かすことを考えて欲しいということなんです。そうすることでその素材そのものの美しさが出てくると思うんですよね。それは人間も同じですよね。

064

自分が存在することで、他人や世の中をちょっとウキウキさせることができるものと出会える。そういう機会って絶対訪れます。

ニュースサイト『不登校新聞』に掲載された、夏休みが明けて新学期を迎える子供たちに向けたメッセージ。「登校拒否・不登校を考える全国合宿in山口」の基調講演で語った言葉。

――２０１５年８月

私は小さいとき、自閉傾向の強い子どもでね、じっと人のことを観察していた。学校に行かない日もあったけど、父は決まって「行かなくてもいいよ、それよりこっちにおいで、こっちにおいで」って言ってくれたの。だから、私の子どもがそういうことになったら、父と同じことを言うと思う。

それにね、学校に行かないからって、何もしないわけじゃないでしょう。人間にはどんなにつまらないことでも「役目」というのがあるの。「お役目ご苦労様」と言ってもらえると、大人だってうれしいでしょう。子どもだったら、とくにやる気が出るんじゃないかな。

ただね「ずっと不登校でいる」というのは子ども自身、すごく辛抱がいることだと思う。うちの夫がある日、こう言ったの。「お前な、グレるってのはたいへんなんだぞ。すごいエネルギーがいるんだ。そして、グレ続けるっていうのも苦しいんだぞ」って。

ある意味で、不登校もそうなんじゃないかと思うの。学校には行かないかもしれないけど、自分が存在することで、他人や世の中をちょっとウキウキさせることができるものと出会える。そういう機会って絶対訪れます。

065

戦争って、自分のすぐそばの人たちとの戦い。

東海テレビのドキュメンタリー番組で沖縄の辺野古基地建設予定地を訪れ、戦争について語って。

――2015年8月

私は戦争って、こっちの国とあっちの国の戦いだというふうに思っていたら、なんのことはない、自分のすぐそばの人たちとの戦いであるんだなっていうのが、あらゆるところで実感でしたね。自分の国がこういう方向に行った時に、そうでない意見を持った時に、とても、すぐそばにいる人たちを説得できない、あるいは説得されてしまう自分との戦いであって、けっしてよその国との問題というのは、それが起きてから出てくる悲惨さというのは、むしろ自分の身の回りにいる人との戦いのような気がして。そんな結論でした。

見誤らないように、生きていきたい、生きていかなきゃいけないという感じです。よその国とかっていう、対中国、対韓国、北朝鮮とかアメリカとか、そんなことじゃないって私は思いましたね。それが私の戦争というものを考える、元になりました。

Kirin's Will

066

人間なんて正しくないんだから。

クリエイター・箭内道彦さんのインタビューで「アタシがね、とても俗な人間なんですよね」と語って。

――2007年8月

人間なんて正しくないんだから。人間ってそんなに、清廉潔白にいられないでしょう？　この歳になると、なんにもなくなっちゃうから。食べるものも少しでいい、着るものも少しでいいって、すべてそういうものがなくなっちゃうから、もう闘わなくなるけど、若いときっていうのはやっぱり、そういうものあっての人間だと思うんですよね。いろんな欲があったり、だからいろんなものが作れたり。

自宅で一人の夕食。手前に用意されている膳は夫・内田裕也のもの（1974年）©朝日新聞社

第五章

絆

――夫婦について

067

ユーヤさんが人のことどうこういうのを聞いたことがない。オレはオレ、テメエはテメエで勝手にやれってなもんでしょう。人の悪口を言ったことがないのよ。そこが好き。男はそれでなくちゃね。

電撃結婚後すぐに、夫婦で雑誌のインタビューを受けて。
――1973年10月

私はもう2度と結婚なんかしないというつもりでいたのよ。ただ、子どもだけはほしかった。でも、もちろん誰でもいいってわけじゃない。で、ユーヤさんを見ていると、私にはロックンロールはまだよくわからないけどサ、生き方としてはロック一筋に命を賭けてる。この人きっと白髪頭のおじいさんになって若い人から若干ズレてしまってても、まだロックをやってるにちがいない。そんな生き方って素晴らしいことじゃない。私もドジでもトンマでも、役者一筋に生きていきたいわよ。

それと、ユーヤさんが人のことどうこういうのを聞いたことがない。オレは オレ、テメエはテメエで勝手にやれってなもんでしょう。人の悪口を言ったことがないのよ。そこが好き。男はそれでなくちゃね。それで私も、このひとの子どもを産みたいという気持が強くなってきたのよ。そうしたらユーヤさんから、〝オレのヨメさんになってくれないかナ〟っていわれちゃって…。最初は冗談だと思っていたんですけどね、エッヘッへ。

068

ああいうチャランポランな人が
とにかくこういう届けを出したことは、
ひとつの進歩だと思うの。

内田裕也に離婚届を提出された後の雑誌インタビューで。
——1981年4月

こういう状況をつくってくれた彼に感謝するわ。

ああいうチャランポランな人がとにかくこういう届けを出したことは、ひとつの進歩だと思うの。裕也さんが、自分の生き方なり仕事をはっきりさせたいと思ったから、こういうことをやったわけでしょう。その点、私はいいことだと思っているのよ。

Kirin's Will

069

女として当たり前のことやらなきゃ、
死ねないと思う。
お互いに当然の生活をしてこそ、
ロックやる人間だし、
女優なんだと思うよ。

内田裕也が一方的に離婚届を提出した後、雑誌のインタビューで、離婚騒動について語って。――1981年4月

ぐあいが悪いことに、初めの3年間は一緒に暮らしてたのに結婚生活してたって実感ないのよね。むしろ別居してからお互いのことが気になって、私は雑誌で彼の写真なんか見ると、〝ああ、これが私のダンナか〟って懐かしくなるの。彼のほうも、私がほうぼうに書きちらした文章をくまなく読んでて、〝お前、まだあんなことほざいてるのか。性格がちっとも直ってないな〟なんて電話かけてくるのよ。引っかかってる情況に彼は疲れたのかなあ。

だけど、ヨリを戻すために駆け引きするような男じゃないし、離婚届を出したのは本気だと思うよ。どんなに彼が疲れても、私はラクチンなんだ。女にとって、仕える人がいないのはラクだもの。今まではのんべんだらりとラクチンでやってきたけど、それが私の悪いところなんだよね。やっぱり、女として当たり前のことやらなきゃ、死なないと思う。お互いに当然の生活をしてこそ、ロックやる人間だし、女優なんだと思うよ。これからは足を地につけて生きられるように、彼が帰って来たら本気でお願いしなくちゃ。

070

主人が好きか嫌いか、
わからないうちに別れるなんて、
そんないいかげんなことないでしょ。

内田裕也に離婚届を提出された後の雑誌インタビューで。
――1981年4月

主人が持ってる魂の美しさ、これはすごいもんよ。今までは夫婦の愛情に気がつかなかったけど、また一緒に生活すればそれがわかると思うの。満足な結婚もしてなかったのに、何が離婚だって言うのよ。ただ無駄に日を送ってきて、人に迷惑かけただけじゃないの。主人が好きか嫌いか、わからないうちに別れるなんて、そんないいかげんなことないでしょ。

071

内田さんとは一緒の方向を見ている、と感じることができるの。ゲリラ的な、ものを破壊したくなるという気持ちを共有できる。同志みたいなものね。

新聞の連載インタビューで、内田裕也について語って。
――2005年7月

内田さんとは一緒の方向を見ている、と感じることができるの。ゲリラ的な、ものを破壊したくなるという気持ちを共有できる。同志みたいなものね。もしかしたら得体の知れないものに突き進んでいるかもしれないけど。飽きないのよ。

（中略）生活のこまごました部分と人間の愛情は別なの。こまごましたことしてても「見てる方向が一緒だ」なんて感じないでしょう。

072

自分の悪い点を見据えて、
頭を下げるようにしたら、
何のことはない、
夫は実に優しい人でした。

宇津井健さんとの対談で、がんになってから、内田裕也に対する気持ちを整理したことを語って。
――2006年12月

自分の悪い点を見据えて、頭を下げるようにしたら、何のことはない、夫は実に優しい人でした。もともと人はいいんですが、社会生活に馴染めない、破壊的なところもあるんです。でも私は、あの夫でなければこの人生、面白がれなかったと思います。しかも着地点がね、これから後何年生きられるかわからないけれど、自分が頭を下げることによって、こんなに変わってきたというのは大変な収穫だなって思っているんです。

Kirin's Will

073

籍を入れた以上、
引き受けていくしかない。
夫の中には今も、
純粋なもののひとかけらがみえるから。

内田裕也が強要未遂の容疑で逮捕された後、報道陣の前で
心境を語って。
――2011年5月

出会ってから50日あまりで挙式。樹木は再婚だった（１９７３年）©Kodansha／アフロ

074

来世で出会わないために、今完璧に付き合っているのよ（笑）。

映画『神宮希林 わたしの神様』公開時のインタビューで、内田裕也との結婚生活について語って。 ――2014年5月

愛というより、私には内田さんが必要だったということですね。ただ向うは迷惑だっただろうなというのはよく分かる。今は「どうもありがとうね。大変だったわね」と言うと、「そんなことネェー」と言いますがね（笑）。来世で出会わないために、今完璧に付き合っているのよ（笑）。

075

もう、ロックには負ける!

テレビのインタビューで、内田裕也について語って。
――2014年6月

この間、うちの夫が「お前な、ハンコはちゃんとわかるとこに置いておけよ」って。「いや、ハンコってことは何？　私の分も持っていくつもり？」って言ったら、「それは半分は資格があるだろう」って言うから。「うーん、私は全然もらったことないんだけど」って言ったら、「それは俺だってあればやるよ！　ねえんだ！」って。「そうなんだけれども、私のも持っていくんだ」って言ったら、「夫婦なんだ、助け合うのが当たり前だろ」って（笑）。

もう、ロックには負ける！

Kirin's Will

076

誰かに添って生きるって、
人間が成熟していくために
必要なことだと思うの。

別所哲也さんとの対談で、「内田さんを超える男性がいないってことでしょ?」と問われて。
——2014年10月

そうなんですよね。私のご縁はそこにあったんです。誰かに添って生きるって、人間が成熟していくために必要なことだと思うの。そういう意味では、内田さんと一緒にいるのはある意味で打算。自分が成熟していくための打算なんです。

Kirin's Will

077

内田さんがおかしくて、私がちゃんとしてるふうに思われた時期もあるのね。だけど本当は、どこに飛んでっちゃうかわからないような人生を送るはずだったんです、私が。だからいい重しなんです。

新聞の連載インタビューで半生を振り返り、内田裕也との別居生活について語って。
——2015年5月

もう子供がいたんじゃ、とてもじゃないけど夫との生活は成り立たない。だから別居して、今日までおよそ40年になります。

私も自分のことだけで精いっぱいで、よそのことは構ってられないの。で、あちらはあちらで回遊魚みたいな人で、ロックンロールしてるわけだから。それはそれでお互いの利益がきっとうまくいっているんですよ。

内田さんが仕事で収入があると、それは全部内田さんのものなんだけど、税金とか保険料とかは私のところに回ってくる。それでいいなって言うから、はい、いいですよ、って感じね。だって税金を考えて使ってないもの。

要するにね、私にとっては大事な重しなんですよ。最近はだいぶ私の変なところも知られてきたけど、内田さんがおかしくて、私がちゃんとしてるふうに思われた時期もあるのね。だけど本当は、どこに飛んでっちゃうかわからないような人生を送るはずだったんです、私が。だからいい重しなんです。重しの分だけ税金を払わせていただきます（笑）。

078

内田には感謝しているんです。彼と一緒にいると、自分は意外とまともなんじゃないかと、楽な気持ちになれた。だから、実は救われたのは私のほうなんです。

映画『あん』公開時のインタビューで、内田裕也との生活について語って。

――2015年6月

DVが酷くて、こっちもやり返すものだから大変だったのよ。近所の金物屋で「なんでオタクは包丁ばかり買いに来るの?」って訊《き》かれたこともあったわね(笑)。

世間の人は私をDVの被害者だと思っているかもしれませんが、内田には感謝しているんです。若い頃の私は、裡《うち》にマグマみたいな激しい感情や自我を抱えていて、「こんな状態でどうやって生きて行けばいいんだろう」と戸惑《とまど》っていた。そんな時、更に激しい自我を持つ内田に出会ったのね。彼と一緒にいると、自分は意外とまともなんじゃないかと、楽な気持ちになれた。だから、実は救われたのは私のほうなんです。

そりゃ若い頃は大変だったわよ。でも時が経《た》って年を取るにつれ、ぶつかってばかりはいられなくなるし、それにちょうどいい距離感というのがわかってくる。それまでにちょっと時間がかかりすぎたかもしれないけどね(笑)。

079

無理をして、嫌な思いをしてまで
結婚という形にこだわらなくても
いいのかもしれない。

映画『海よりもまだ深く』公開時のインタビューで、結婚について語って。
――2016年6月

結婚すれば苦労もする。嫌な思いもする。夫婦や親子という人間関係に深く踏み込んでいかなければならなくなる。それは、人間が成熟するのには必要なことなんじゃないかって、ある時期までは思っていました。でも今はね、無理にしなくてもいいんじゃないかなぁ、って。同棲するなら、籍を入れたほうがいいわよ、それは。だって同棲っていうのは、別れちゃったら嫌なものが何も残らないから。その気楽さは、人生においては無駄ね。そんな生ぬるい関係を繰り返しても人は成熟しない。結婚生活を続けることも別れを決断することも、かならず嫌なことは付きまとう。でもそういう経験が、生きていく上では大切だって思ってた。ただ、結婚しなくても成熟する方法を見つけていければいいんじゃないかって気が、最近はするのね。病気をするとわかるんですよ、人生って、そんなに長くないんだなぁ、って。だから無理をして、嫌な思いをしてまで結婚という形にこだわらなくてもいいのかもしれない。もちろん、恋人はいたほうがいいと思いますけど。

Kirin's Will

080

あの世では同居？
そうね。でも、骨だから。
しゃべることはないから。
ムカッとはしないでしょう。

新聞の連載インタビューで、内田裕也について語って。
――2018年5月

死んだら私も内田家の墓に入ります。私が買った墓だからね。あの世では同居？　そうね。でも、骨だから。しゃべることはないから。ムカッとはしないでしょう。お互い相手が先に逝くと思ってるけど、娘は「出来ればお父さんが先の方がいい」と言ってるわね。「どう付き合っていいか分からない」って。

娘はね、おかげさまで、真っ当にものを考えられる子に育ちました。久世ドラマでよく共演していた由利徹さんが「あんたと裕也の子だろ？　何であんな子が出来たんだ」と、よく不思議がっていました。でも、孫の代までは分からないわよ。内田によく似たのが一人いるのよね（笑）。

自宅の玄関で。2階には娘の也哉子と本木雅弘の家族が住む(2015年)©『週刊現代』(講談社)/撮影=菊池 修

第六章

家

——家族と子育てについて

Kirin's Will

081

家族において、
そうでないとならないという
決まりはないわね。

雑誌のリレーエッセイで、映画『万引き家族』の劇中の家族と、自身の家庭について綴って。
――2018年7月

今度の『万引き家族』は、血を超えた絆で繋がっている家族の話。家族において、そうでないとならないという決まりはないわね。結婚45年、別居43年なんて言われるけど、内田さんがいるということは有り難かった。私には破滅を好んで、どこか自爆に進んでいく志向が若いときからあって、ああいうふうに「もっともっと」と生きていく人が近くにいるのは良かった。今はそう考えているんです。

家族を持ちたいなんて思っていたわけじゃないけど、思いがけずそういうことになって、娘夫婦との二世帯住宅に暮らしているから、今ではイギリスやアメリカで暮らす孫の出入りもある。来れば嬉しいし、帰ると言われれば寂しくもなる。恵まれてるわね。

Kirin's Will

082

私にとって家族への愛情は、
〝注がなきゃいけないな〟っていう
義務感とか倫理観から
きているものだと思います。

映画『海よりもまだ深く』公開時のインタビューで、家族について語って。
――2016年6月

私にとって家族への愛情は、〝注がなきゃいけないな〟っていう義務感とか倫理観からきているものだと思います。自分を犠牲にしても家族を守るとか、会いたくて矢も楯もたまらないような深い深い愛情が、自分の中にあるとは思えない。だってそうでしょう。夫と、一年のうちに一回も会わなくても平気でいられるというのは、何かヘンじゃないかと思いません？　言わなくてもわかるとか、そんな高尚な関係では決してないし……。ときどきね、私が、性質が悪いから、「もうそろそろ（家に）お帰りになったらいかがですか？」ってちょっと言ってみるわけ。そしたら向こうは、「勘弁してくれる？　無理だろう」で終わり（笑）。礼儀で、「思い出さないと悪いなぁ」とは思ってるのよね。

083

現実に死ぬということを
さわってみるということが
いいなあと思ってね。

児童文学作家・灰谷健次郎さんとの対談で、自らの考える
「教育」について語って。
――1985年9月

娘は九才なんですけど私の母と主人の母が亡くなったときに、普通は遺体は子供に見せないんですけど子供が顔を見たいって言うんで〝見なさい〟って言って見せましたね。そうすると白い布をあけて撫でてるわけ。私は現実に死ぬということをさわってみるということがいいなあと思ってね。私の教育っていったらそれくらいのものです。

084

ああするべきだ、こうしちゃいけない、ああしちゃいけないというものの中からは、人は育たない気がする。

テレビ番組で、YOUさん、是枝裕和監督と鼎談し、子供や孫への接し方について語って。 ――2008年6月子供を育てるときに、わざわざこの子のために買った洋服っていうのはないのね。全部使い回し。Tシャツなんかは、大人のを肩上げして、ここのところを全部ミシンで縫って。あとがダボダボダボダボしてるのね。すると、娘が勝手に自分でこう、結わいて着てる。そういうような生活ぶりだったですね。

それからね、その頃、ピンクレディとかキティちゃんかな、みんななんか貼ってあるというか、デザインがしてあるのね。そういうものが嫌で、無地、無地。全部無地。ピンクとか、そういうものを買ってあげたことがない。だからやっぱり、時々、娘は孫にはピンクを着せてるみたいね。その反動で。

だからそういう、子供にとってこれが可愛いんだろうとか、好きなんだろうとか思うのは、ちょっとね。あんまり過干渉でもね。ああするべきだ、こうしちゃいけない、ああしちゃいけないというものの中からは、人は育たない気がする。

085

家は女がしっかりしないとダメ。カカア天下くらいでちょうどいい。

新聞のインタビューで、母について語って。

——1999年2月

私の母は、中谷清子という。十三回忌も済んだ。昔は大酒飲みで、つぶれちゃうほど飲んでは迎えに行った父親に担がれて帰ってきた。ともかく素っとん狂な母親だった。

晩年、人の3倍もかかってやっと車の運転免許を取った。初めての路上運転。信号が赤なのに突然アクセルを踏む。歩行者のつま先にタイヤが乗り上げたらしい。その人がびっくりした顔をしているのに母はのんびりとした声で「どうもスイマセン」。「だって横の信号は青だったのよ」には開いた口がふさがらなかった。

だが、母の生活能力は凄かった。家は女がしっかりしないとダメ。カカア天下くらいでちょうどいい。男は逆境に遭うと意外とヘロヘロになる。男はある意味で飾り物。おみこしの上のヒラヒラだから、おみこしの土台がいいとヒラヒラも引き立つ。

父は薩摩琵琶奏者。母は戦前、神田でカフェ、その後、横浜で居酒屋を切り盛りし、家の中でもまめに動き回る。半端なパワーではなかった。

086

人は父を、いい星の下に
生まれたと言っていたけど、違う。
いい星の下にしたんですよ、
自分の性格で。

新聞のインタビューで、薩摩琵琶奏者だった父について
語って。
——1996年2月

ことほどさように、身の回りから何か面白いことを見つけては、よく話してくれた。そういう人だから、周りに人が自然と集まってきた。

人は父を、いい星の下に生まれたと言っていたけど、違う。いい星の下にしたんですよ、自分の性格で。

私にとっては、反抗のしようのない父親だった。その分、世に出てから反抗したように思います。面白がる性格は受け継いだ。私の役者としての土台なのかなあ。

087

仲良くというより無関心でいることですね。家族に対しては、だいたいすべて、孫に至るまで無関心。みんなが自立して一つの家族を作ってるっていう感じだから。

ゲスト出演したテレビ番組で、視聴者から「お婿さんと仲良くするコツは?」と問われて。
——2018年5月

仲良くというより無関心でいることですね。家族に対しては、だいたいすべて、孫に至るまで無関心。どこか転んだとかっていうと感情移入しちゃうわけよ、どうしても。身内だと。だからそういう時に、他人なんだと思えば、「ああ、そうだったのー、痛かったのねー」で終わりになる。でも孫だと思ったり、婿さんだと思ったり、稼ぎ頭だと思ったりすると、「大丈夫かな」と思っちゃうじゃない。そういうことは考えないようにしてる。子供にも孫にも、ものを買ってあげたことがないの。今まで一個も。嫌われてるからね、そういう時は憎たらしいなと思います（笑）。どうあっても、全然、期待をしなければ大丈夫です。

すべて期待というのは、自分側から見た「こうであってほしい」でしょ？ 向こう側から見たものっていうのはまた違うでしょ。人はそれぞれだから、みんなが自立して一つの家族を作ってるっていう感じだから、「こうしない？」って言った時に、「うーん、しない」って言われたらムカッとくるけど、期待をしなければ大丈夫ですよー。基本的にはみんなしゃんとした人たちだから。

Kirin's Will

088

やっぱり世の家族が崩壊しないのは、女の粘り強さですよ。女が台となって〝始〟って漢字になる。全ての始まりの土台を作るのが女だからね。

映画『東京タワー オカンとボクと、時々、オトン』公開時のインタビューで、演じたオカンについて語って。
――2007年4月

やっぱり世の家族が崩壊しないのは、女の粘り強さですよ。女が台となって〝始〟って漢字になる。全ての始まりの土台を作るのが女だからね。そこがグラグラしてるんですよ、今の世の中は。そこのところがドシっとしていれば、たいていのことは大丈夫。女っていうのは、きっとその人生が終わったときに、いい意味で泣いてもらえる、いつまでも〝いてくれて良かった〟と思われる存在になるんじゃないかな。でもね、原作に〝母親とは無欲なものである〟という言葉が出てくるけど、本当は無欲じゃないの。オカンだって、ちゃんと自分の中で人生を選んできた。でね、結果的に、あの人の中からは愚痴が聞こえてこない。そこがやっぱりいいんじゃないですかね。いろんな修羅場があっても人の責任にしないのは、女としての潔さっていうのかな、母親とはそういうものじゃないかと思うんですよね。

089

マイナスのところを、違う言葉でもって評価するようにしてるの。

テレビ番組で、YOUさん、是枝裕和監督と鼎談し、孫への接し方を語って。

――2008年6月

少しおっかながり屋のほうが私はいいっていうふうに。本当はマイナスのことなんですよね。「男の子らしく」っていうふうに思うんだけど、人は。だけど、その子の持ってる性質《たち》っていうのをね、これはダメだとかって、「こういうふうにしよう」というのは無理だから。じゃあそのマイナスのところを、「あのね、すごくそれはいいことだよ、用心深いってことだからね」っていうふうに、違う言葉でもって評価するようにしてるの。下の孫はね、まったくわたくしの血は入ってなくて、本木家の流れの顔をしてて、なんたって美人なんですよ。その子にね、わたしのこと嫌いらしいから、ちょっとさ、あんまりいい感じを持ってなかったんだけど、親しくなるようになってからね、「みんなに綺麗ねとか可愛いねとか言われるでしょ?」って言ったら、うんって言うから、「でもね、その気でいると、いやーな性格になるからね、お友達なくすよ。だから、人よりも優しい子にならなきゃだめだよ。そうすると、その可愛いのと優しい気持ちとがあれして、もっともっと良くなるからね」って言ったら、「わかった」って、低い声で言うんですよ(笑)。

090

うちでは、自分のパンツくらいは当然のごとく洗わせてます。

NHK朝の連続テレビ小説『はね駒』に主人公の母親役として出演していた時のインタビューで、子育てについて問われて。

―1986年6月

子供は甘やかして育ててはいけないと思いますね。自分のことは自分でやらせて、家事だって親と一緒にやらせるようにすべきだと思いますね。子供は、親がどうやってそれをやっているかを見て教わるんです。うちでは、自分のパンツくらいは当然のごとく洗わせてます。最初は、どうやるんだろうってな顔して見てましたけど、こうやるのよって手本を見せておいて、〃ハイ！　やってごらん〃と放っておくと、ちゃ〜んと自分で洗えるようになりましたからね。

091

社会に出て挫折するとまずいから、
私のところで
傷ついてもいいかなって。

テレビ番組で、YOUさん、是枝裕和監督と鼎談し、子育てについて語って。
——2008年6月

人として付き合ってたっていう感じがするんですよね。だから、赤ん坊だとか、子供だとかいうふうに思わない。結構、残酷にものを言っちゃったりしますけどね。でも、傷ついたりするでしょう？　そうすると、純粋培養で育っちゃって、社会に出て挫折するとまずいから、私のところでずいぶん傷ついてもいいかなっていうふうなところもあって。

だから、うちの子供を育てるときに、一人っ子だったから、例えば何かケーキでも、何かおいしいものでもあったときに、はーいって出した後、私が一番最初だからねって、私が最初にとるようにしてたの。人から見ると、なんて親だって思うかもしれないけど、何ちゃん、食べなさいってことはしなかったわねえ。わざと。

世の中、みんな出たときに、「あんたが最初にどうぞ」っていうふうにはいかない。

通い慣れた世田谷区・砧にある
撮影所近くの居酒屋で夕食。
寒さしのぎに食前にヒレ酒を飲む
（1990年）©朝日新聞社

第七章

務

――仕事と責任について

092

時代が変わっても、
じゃあそれに、どう乗っかってくかは
いつも考えないのね。
時代の風は考えないの、なるべく。

インタビューで、「CMは、樹木さんの資質に合っていますよね」と尋ねられて。
——2016年11月

ＣＭの世界は、私のタチには合ってましたねえ。だからＣＭというものがその後だんだん力を発揮して確立して、今はＣＭをやらせてもらうことが役者のステータスみたいになってきてるから、へぇ〜って思うんだけど。そうやって時代が変わっても、じゃあそれに、どう乗っかってくかはいつも考えないのね。時代の風は考えないの、なるべく。だってあのとき、先輩の女優さんに呼ばれて、「あんたね、ＣＭなんてやったらダメになるわよ」って言われたときから、「いや、いいんですよ私は」って言ってきてるから。時代の波とか流れに影響されてくつもりはないわけ。そうやってきて、55年たってもこうしてまだ生かしてもらってるっていうのは、これはまた、上出来、上出来、の人生じゃない？

Kirin's Will

093

ローン返済が終わってからは
義理で仕事をしていたの。
目指すものもなければ、
役作りの努力もしないタイプ。
ずうずうしい人間です。

――２０１８年８月

新聞のインタビューで、自身の半生とがん告白後の生活について語って。

女優業には執着も未練もありません。是枝監督との仕事は最後だと思って、お受けしました。18歳で役者人生を歩み始めたのもたまたま。父親の勧めで薬剤師になろうとしたんだけど、足を骨折して薬科大の受験を断念。そんな時、劇団研究生の募集記事を見たのがきっかけです。

女優になって一番良かったのは住宅ローンが早く返せたことですね。若い頃は不動産投資が好きでしたが、今は全く興味なくなっちゃった。ローン返済が終わってからは義理で仕事をしていたの。目指すものもなければ、役作りの努力もしないタイプ。ずうずうしい人間です。10年ほど前にマネジャーが亡くなってからは留守番電話一つで仕事依頼を受けています。不便が便利なんです。

094

自分の顔に飽きたの。

映画『万引き家族』についてのインタビューで、入れ歯をはずして撮影に臨んだ理由を語って。

――2018年6月

「女優がそんなことをするのは、ヌードになるより恥ずかしいことですよ」って人に言われた。入れ歯をはずしたのよ。映画「万引き家族」で。髪の毛もだらぁと長くして、気味悪いおばあさんでしょう？

自分の顔に飽きたの。是枝（裕和）監督の作品に出るのも、これが最後だと思ったから提案したわけ。私ももう後期高齢者で、店じまいを考えないといけない時期ですから。

それに、人間が老いていく、壊れていく姿というのも見せたかった。高齢者と生活する人も少なくなって、いまはそういうのをみんな知らないでしょう？

映画のなかで、みかんにかぶりつく姿がすごいと言う人もいるけれど、実を歯ぐきでしごいたの。歯がないってそういうことなのよ。

Kirin's Will

095

私は絵の具の一つの色、
あるいは庭の植木の一つに
なればいいという感覚だから。
そういう場所が一番、
居心地がいいのね。

映画『わが母の記』で日本アカデミー賞最優秀主演女優賞
を受賞したことについて語って。　――2015年5月私はもうね、誰かに賞をあげるような年齢なの。人から褒めていただくような年齢じゃないんです。だけどまあ、おばあさんもいなくちゃなんないし、ねえ。映画のよさは長いスタンスでものを作る、一つの方向にみんなが向いていく、っていうことかなあ。これはちょっと、遅まきながらいいなあと思った。吉永小百合さんなんて、早い時期から映画、映画だったでしょ。私は今ごろになって、なるほどねえって思ってるわけ。あの人は心を込めるというか、子供を産むみたいにして映画にかかわっているのよ。私は絵の具の一つの色、あるいは庭の植木の一つになればいいという感覚だから。そういう場所が一番、居心地がいいのね。

Kirin's Will

096

創造の創という字は「きず」という字なんですよね。絆創膏の「創」っていう字なんですよ。やっぱり、ものをつくるっていうのは、ものを壊してつくっていくことなのね。どっかに傷をつけながら、そこを修復するっていうか。

映画『東京タワー オカンとボクと、時々、オトン』で最優秀主演女優賞を受賞した日本アカデミー賞授賞式で、「私が審査員なら違う作品を選んでました」などの発言をしたことについて。

――2008年5月

これはもう自分を擁護する言葉だけど、少なくとも、創造するものの端くれに私がいるとすれば、創造の創という字は「きず」という字なんですよね。絆創膏の「創」っていう字なんですよ。やっぱり、ものをつくるっていうのは、ものを壊してつくっていくことなのね。どっかに傷をつけながら、そこを修復するっていうか。アカデミー賞での私のふるまいはとてもよくないですよ。それは承知してます。でも、あのテレビを見て、最近テレビ見ててもあまりおもしろくなかったのに、おおって見ちゃったっていう人が一人でもいるとすれば、それは、その人に対して私は少しは役を果たしたかなってね。創造する人間の端くれとして、私という人間はそんな風にしかいられないんだなあ、とは思いました。やっぱり、その昔、「美しくない人も美しく」という台詞に対して、そんなの嘘じゃないと思った自分がいたんですね。広告は本当のこと言わなきゃだめじゃない、と思って、それを主張した自分がいたんだから、そのことは原点として大事にしながらね、でも、それが受け入れられない時には、また、その中で窮屈にやってみるというのもいいしね。私はそんな風にしてやってきたし、これからもそうなんだろうなあって思います。

097

芸能ごとをやる人間ていうのは、やっぱり時代にさらされて、評価も足蹴も含めて、そこから生き残ってナンボのものっていう感覚でいるのよね。だから表に出てナンボのものなのだろうって。

インタビューで「役者」というものについて語って。
――2016年11月

クルマ好きとしても知られ、愛車の「シトロエン2CV」は7台乗り継いだ（1973年頃）

098

人間にも冥利があって、
置き場所によって、
その人が生きたり、
つまらないことになったりしますね。

映画『あん』公開時のインタビューで、ものと人の冥利について語って。
――2015年6月

家にはそこそこお金をかけたけれど、生活はきわめてつつましいですよ。古くなった靴下はかかとの上くらいを鋏で切って、お掃除用具につけて使うし。足首の部分にワンポイントとか入ってかわいい靴下は、寒いときに手首のところにはめるの。ほら、今日も着けているのよ。それもダメになってきたら、「どうもありがとう」と言ってゴミ箱に捨てておしまい。いわゆる〝始末〟ね。ものの〝冥利〟というものを考えるんです。

人間にも冥利があって、置き場所によって、その人が生きたり、つまらないことになったりしますね。でも世の中のほとんどの人が、適職に出合えない。合っている仕事に出合えれば、こんな悲しいことにならなかった、という場合もあるだろうし。人を見ていて、つらいだろうなぁと感じることがあります。私はカウンセラーじゃないから、何も言ってあげられないけれど……。言ってあげられたらいいんだけどね。

まぁ私も、決して役者は適職ではないと思っています。でも、気づいたらこんなに長くやっていて。それも、ありがたいことですよね。

099

私は〝基本〟はない！
基本はね、みなさんが先生。
世の中にいる人間、みなさんが先生。

北大路魯山人をテーマにしたテレビ番組に出演し、独学で学んだ魯山人を引き合いに、「独学で学ぶことの強みと弱点とは何か」と問われて。

――2017年8月

（芝居の独学については）人間がやっぱりいっぱいいるじゃないですか、いろんな人がこうやって、そのあれに当てはめてみていくというのが、第一の勉強ですよね。魯山人の場合は、基本のそういうものは本当に学ぶ。篆刻《てんこく》でも彫りのあれが偶然そうなっちゃった、なんてことはない。学び方が基本をしているから、どのようにでもなるんじゃないですかね。

私は〝基本〟はない！　基本はね、みなさんが先生。世の中にいる人間、みなさんが先生。

100

期待されないっていうのが一番いいものができるの。

テレビ番組で、「美しい人はより美しく。そうでない方はそれなりに」のキャッチコピーを生み出したCM撮影の現場での、ディレクター・川崎徹さんとのやりとりについて語って。

――2018年5月

川崎さんと、「なんか変じゃないですか？　美しい人は美しく写るのはわかるけど、美しくない人も美しく写りますってのはおかしいじゃないですか」って言ったら、「そうなんですよ、う－ん、フィルムの質がいいっていう」と。「でも、それはおかしいでしょう」って言って、二人で。

（撮影に）クライアントは誰もいなかったの。あのね、期待されないっていうのが一番いいものができるの。だからさっきの『（寺内）貫太郎一家』でも、つなぎのドラマで。局がみんな揃ってああじゃないこうじゃないって船頭が多くて、全部それをまとめるとなんか曖昧なドラマになってしまう。だからなんにも期待されない、そういう時に、やっぱり本職に任せてくれるといいんじゃないですかねぇ。

101

いつまで経っても、人間として、何て言うか、豊かな人間に、どの方向へ行ったらなれるのかなぁって、役者としての仕事より、そっちのほうに興味が行ってるんですよ。

雑誌のインタビューで、人間への興味について語って。
――2008年12月

私は人のこと嫌いなんです、煩わしいから。だから友達もいない。私、目がやぶ睨みなんですけど、これも何か意味があるなと。見なくてもいいのに、あさっての方向を見て、人間の裏側を見ちゃうみたいなね。そういうところが人と和を保っていけないところかなと。だけど裏腹に、人間そのものにはすごく興味があるんです。だからものを創るという点でその興味を出して、普段は独りでいい。今でも芸能界の只中にはいないで、ちょっと外れた、自分にとって一番居心地のいい場所にいるんですよ。入り込まなくて済む場所に。

私が今思うのは、よく六十五まで来たなと。役者に合ってない合ってないってずっと思いながら、センスだとか才能だとかないなぁって思いながら、さて、これで終われるのかなぁと。ただ、やっぱりね、いつまで経っても、人間として、何て言うか、豊かな人間に、どの方向へ行ったらなれるのかなぁって、役者としての仕事より、そっちのほうに興味が行ってるんですよ。

102

人として生まれてきたこと自体、
計り知れない魅力があると思うんだけど、
それを出し切れて
いないんじゃないかなと思うの。

半生を振り返る新聞の連載インタビューで、「代表作がないまま終わるのかなって」「不満なまま終わっちゃったってとこかしら」など、女優業への〝不満〟を語って。

――2005年7月

人として生まれてきたこと自体、計り知れない魅力があると思うんだけど、それを出し切れていないんじゃないかなと思うの。これから？　可能性はあるだろうけど、そのための努力をしようとは思わない。

103

世の中をダメにするのは老人の跋扈《ばっこ》。
時が来たら、誇りを持って脇にどくの。

古舘伊知郎さんとの東海テレビの番組の対談で、引退について語って。
——2017年8月

余談ですけど、久米（宏）さんがあれ（『ニュースステーション』）を降りたくて、仕事が嫌で、くたびれちゃって。降りたいんだけど降ろしてくれなくてっていう時に、ちょうど、「最後の晩餐」っていうね、あのシリーズで出た時に、「久米さん、降りるのはいつでも降りられるし、あなたの代わりが、穴が開いて他にいないなんて考える必要ない、必ずスッと誰か来ますから」と。必ず、ポジションは埋まりますからね。私はそう思ってる。

青年の失敗っていうのはあまり世の中をダメにすることはないけど、世の中をダメにするのは老人の跋扈《ばっこ》だっていう言葉があってね。もう今74だからね、老人の跋扈だっていうふうに思ってね。それでね、もう今年はね、こないだ良い言葉を見つけたの。「時が来たら、誇りを持って脇にどけ」って言葉を見つけたの。これだ、これだと思って。時が来たら誇りを持って脇にどくの。そういう気持ちでいるんだけど。

Kirin's Will

104

何か目指してるものがあるとか、
夢があったりするとずいぶん
挫折すると思うんですけど、
それが全然ないから、助かったですねぇ。

クリエイター・箭内道彦さんのインタビューに答えて。
――2007年8月

アタシが初期にCMをやり始めたときに、1番が舞台で、2番が映画で、3番がテレビで、もうテレビ出るっていうのは、役者としてあまり評価されない、その頃にそれをCMやるなんていうのは下の下って、そんな時代だったんだけど。それは一切アタシの中にはなくて。「そういうものをやってる役者ね」って言われることをよしとして、選んだんですよね。

だから、CMのポジションがうーんと低いときにやってるからなんも後ろめたくないっていうね。アタシ自身が、何か目指してるものがあるとか、夢があったりするとずいぶん挫折すると思うんですけど、それが全然ないから、助かったですねぇ。

Kirin's Will

105

自分の好きなことやって生きていられるというのは、大変な感謝のことであり、なおかつ、それを求めたらば「好きなことやって食えるようになりたい」というのは、おこがましいことですよ。

テレビ番組で、YOUさん、是枝裕和監督と鼎談し、女優業について語って。

――2008年6月

「好きなことをやって食べていこうなどということは、おこがましいことですよ」というね、日本画家の秋野不矩《ふく》さんのお言葉があるけど、そうだろうなと思うんですよね。世の中の人は、好きでもなくても、身過ぎ世過ぎでいろんなことをやらなきゃなんなくて生きてるのに、自分の好きなことやって生きていられるというのは、大変な感謝のことであり、なおかつ、それを求めたらば「好きなことやって食えるようになりたい」というのは、おこがましいことですよ。

106

ただのいい人だったらね、
人を見ることができないから、
やっぱり嫌な奴じゃなきゃ、役者は。

自身の性格と、役者の仕事について語って。
――2018年5月

私は全然、いい人じゃないのよ。すごいひねくれててね、すごい、人をこうやって（斜めから）見る人間。でもね、役者っていうのはそれくらいじゃなきゃ。ただのいい人だったらね、人を見ることができないから、やっぱり嫌な奴じゃなきゃ、役者は。

どうぞ、お母さんがた、お父さんがた、娘を役者にしようなんて思わないほうがいいですよ。結婚は失敗しますしね、なかなかそんなうまくはいきません。そうじゃないと役者には向かないんですね。人を違うところから見て、違う発想をしていかないと、と思います。

Kirin's Will

107

責任っていうのがとれるかとれないかで、今後、人間の値打ちが変わってくるんじゃないかなっていう気がするんです。

クリエイター・箭内道彦さんのインタビューで、「上に立つ者の責任」について語って。

――2013年4月

だからって自分の未来がどうこうって、自分のことじゃなくって…うん、ありますね。今やっぱり上に立つリーダーの、その罪っていうのは、すごくあるような気がするのね。

やっぱりそれだけの場を手にしたものの責任っていうのは、本当に、お金を手にしたり、人よりも豊かな生活をしている人たち、あるいは、そういう上に立つ人間の、本当に責任っていうのがとれるかとれないかで、今後、人間の値打ちが変わってくるんじゃないかなっていう気がするんですよね。そりゃ総理大臣が変わるから、前の総理大臣がやったことを忘れちゃうけど、うん…。でも、やっぱりその人の後の姿を見てると、器量が本当によくなってるかどうか。

映画『万引き家族』公開時のインタビュー取材で（2018年） 撮影＝興村憲彦

第八章

死

――生と死について

108

死っていうものに対して謙虚で。じたばたしてても、みっともなくても、それはそれで、子供に受け継がせていくというような気持ちでいるの。

がん闘病をテーマにした報道番組出演時に、自らの「死」に対する考えについて語って。
——2016年2月

私こうやってね、お正月かなんかに、「死ぬときぐらい好きにさせてよ」なんて（広告の写真が）出ると、なんかこう、自分の死への考えがあるみたいだけど、そんなにおこがましくはないのね。もう少し、死っていうものに対して謙虚で。じたばたしてても、みっともなくても、それはそれで、子供に受け継がせていくというような気持ちでいるの。それを見せるというか。孫にも見せると、こんなばあさんが、あんなふうに死んだんだねっていうような、あんなふうに、憎たらしいこと言ってたけど、あんなふうに死んだね、みたいな。

それもまた、気づきかなっていうふうに思うんですよね。

Kirin's Will

109

「いつかは死ぬ」じゃなくて
「いつでも死ぬ」という感覚なんです。

新聞の連載インタビューで、死について語って。
――2018年5月

後期高齢者の仲間入りね。ここまで十分生かしてもらったなあ、って思います。私、自分の身体は自分のものだと考えていました。とんでもない。この身体は借りものなんですよね。最近、そう思うようになりました。借りものの身体の中に、こういう性格のものが入っているんだ、と。

ところが、若い頃からずっと、わがもの顔で使ってきましたからね。ぞんざいに扱いすぎました。今ごろになって「ごめんなさいね」と謝っても、もう遅いわね。

「人間いつかは死ぬ」とよく言われます。これだけ長くがんと付き合っているとね、「いつかは死ぬ」じゃなくて「いつでも死ぬ」という感覚なんです。でも、借りていたものをお返しするんだと考えると、すごく楽ですよね。

人から見ると、それを「覚悟」と言うのかもしれませんね。でも「覚悟」が決まっているということでもないの。だからといって、グラグラしているわけじゃない。現在まで、それなりに生きてきたように、それなりに死んでいくんだなって感じでしょうか。

Kirin's Will

110

年を重ねるごとに力のあるいい顔になりたいんです。細胞が全く動かなくなり、心も全く執着がなくなるまで生きてみたいなあと思うんです。そうなれば納得して死ねるんだけどなあ。

雑誌連載で画家・熊谷守一さんの死と自身の食生活へのこだわりについて綴って。

――1977年8月

……なんでわたしがそんなにまでして健康々々っていうかっていうと、しっかり生きてしっかり死にたいからなんです。わたしはとっても臆病だから、病気や事故なんかで死ぬのは思っただけで死にそうになるんです。だから芝居でも危なそうな場面は理屈こねくり回して止めにしてもらいますし、なるべく飛行機には乗りたくないし、病気の原因になるような精神については、宇宙と調和させようと、これは殆んど出来てませんが、だから食べ物で気を使ってるんです。熊谷守一さんみたいには出来ませんけど、年を重ねるごとに力のあるいい顔になりたいんです。細胞が全く動かなくなり、心も全く執着がなくなるまで生きてみたいなあと思うんです。そうなれば納得して死ねるんだけどなあ。

「じゃあネ」って死にたいです。欲を言えば……。

Kirin's Will

111

若いころに死は非日常だったけれども、
今は死ぬ側にいるということを、
うそっぽくなく思える。

医師・鎌田實さんとの対談で、乳がんには再発が多く、完治までの道のりが長いという話を受けて。

——2012年2月

それがあるから、私のなかには「もう安心することはない」という覚悟があります。それを引き受けられたから、悲観したり安心することがないところで生きる道を見つける。

今私は、予定を立てて死ねるなという感じがします。「あらっ」と言って死ぬのではなくて、しみじみ「死ぬんだな」という感じの死に方。そういう終わり方ができるなと。それを思うとちょっと嬉しくなったりね。

だから、若いころに死は非日常だったけれども、今は死ぬ側にいるということを、うそっぽくなく思える。

Kirin's Will

112

もっと人間はこう、自然の中で、あっという間に死ぬかもしれない、でまた誕生がある。そういうものじゃなかろうかという風に思ったら、もっと楽しく人生をやっていけるんじゃないかと思うね。

クリエイター・箭内道彦さんのインタビューで、「死なないためのことを考える人と、今を生きたいっていう人」について語って。

——2013年4月

自宅の庭で（2015年）©『週刊現代』（講談社）／撮影＝菊池 修

Kirin's Will

113

老衰で亡くなっていくというのは最高のものなんだから。

自身がナレーションを務めた映画『人生フルーツ』に出演していた津端英子さんとの対談（東海テレビの番組）で、死について語って。

――2017年1月

老衰で亡くなっていくに対しても、残った者がすごく執着するんですよ。もっと長生きさせてやったほうがいいんじゃないか、老衰をそのまんま見届けるっていうんじゃなくて、もっと医学的にチューブを入れたり、管を入れたりして、もっと長生きさせたほうがいいんじゃないかって。でも、そういうものなんだと、死というものは。そんなに特別なことじゃない、日常の中のある出来事として。どうしても私たちはこの戦後、豊かな時代に生きていると、どうしても死というものを忌み嫌うみたいなものがあるけども、やはり地続きなわけですよね、生と死っていうのはね。ああいうもので当たり前に亡くなっていくのであっても、残った者の気持ちっていうのはすごく……欲なんですよ。もっと生きて欲しい、もっと生きて欲しい、それは限りないんですけど、本人はもうわからないんです。老衰で亡くなっていくというのは最高のものなんだから、それで残った者が、いや、もっともっとって、もっとなんかしてもらえないだろうかって。それは私がもしも自分の子供たちがそう言ったら、「それはあんたたち、欲が深すぎるというものよ」というふうには言っていこうと思っているんですけどね。

Kirin's Will

114

覚悟っていうのをすると気楽ですよ。

乳がんが発覚し、自宅で会見を開いたとき、記者の「自身にとっての健康法はあるか?」という質問に答えて。

――2005年1月

覚悟っていうのをすると気楽ですよ。覚悟っていうのは、手術をする覚悟とかっていうんじゃなくて、ここまでね、62まで生きられた、で、周りを見回したら、もう私がいなくてもちゃんと生活やっていける人たちがみんな揃ってきたなと。

そしたらば、泣く親もいないし、死んでもいいんだなという。死ぬことができるんだなという覚悟よね。

Kirin's Will

115

終了するまでに美しくなりたい、という理想はあるのですよ。存在そのものが、人が見た時にはっと息を飲むような人間になりたい。形に出てくるものではなくて、心の器量ね。

「私の夢みる大往生」がテーマの雑誌のインタビューで、死について語って。
――1996年9月

ゆくゆくは子供と一緒に住みます。面倒はみませんけど、面倒はみてもらいます。

自分のためには一人のほうがむしろ気楽なんですよ。でも、うちの娘なり、婿なり、その子供たちが、私の死に際を実感として感じられる。ずっと離れて暮らしていると、あまり感じられないのですね。「人は死ぬ」と実感できれば、しっかり生きられると思う。

終了するまでに美しくなりたい、という理想はあるのですよ。ある種の執着を一切捨てた中で、地上にすぽーんといて、肩の力がすっと抜けて。存在そのものが、人が見た時にはっと息を飲むような人間になりたい。形に出てくるものではなくて、心の器量ね。

Kirin's Will

116

死というものを
日常にしてあげたいなと。
子供たちに、孫たちに。
そうすれば怖くなくなる、
そうすれば人を大事にする。

古舘伊知郎さんとの東海テレビの番組の対談で、映画『人生フルーツ』の話題から死について語って。
――2017年8月

今、私たちは人の死っていうのに向き合うことがほとんどない。みんな病院で、言ってみればこの凄まじいものを見ないで済んでる。そのマイナス。損してるものがあるんですけど、この映画の肝の一つは、やっぱり津端（修一）さんの死に顔というのを見せてくださった、許可してくださった。それはなぜかというと、それまでにずっと感情移入してるわけですよ、私たちはね、『人生フルーツ』で。すると、同じ気持ちでいる、同じ中で生きてる。生きてる、側にいた人がすっと亡くなる、あの喪失感みたいなものをこういうドキュメンタリーで見せてくれた。あるいは、日常、私たちが、人の死、親の死だってそんな見損なっちゃう場合がたくさんあるのにと思うと、そういう意味でもこれはいいなっていうふうに思うのね。そして自分も死ぬ時には、絶対に……できれば病院じゃなく、自宅で、みんなを呼んで、駆けつけて、すぐにバタッといかないかもしれない、また息を吹き返すかもしれないけど、そういうことをしながら弱っていく様というのを、死というものを日常にしてあげたいなと。子供たちに、孫たちに。そうすれば怖くなくなる、そうすれば人を大事にする。そんなふうにね、また改めてこういうのを見て、考えました。

117

長生きしたいと思うわけではないし、年を取るのはちっとも苦ではないんですよ。ただあたふたせずに、淡々と生きて淡々と死んでいきたいなあと思うだけです。

雑誌のインタビューで、興味を持っていることについて語って。
——2002年8月

今、凄く興味を持っているというわけではないんですが、自分の身体を保っていないといけないなと。新しい家を車椅子生活になっても大丈夫なようにとバリアフリーにしたんですけど、車椅子になる前に、飲み過ぎで脳の血管が切れちゃったりしたら、それどころじゃないですからね。だから、自分の身体には責任を持ち、あんまりいい加減な生活はしないようにしようと思っています。長生きしたいと思うわけではないし、年を取るのはちっとも苦ではないんですよ。ただあたふたせずに、淡々と生きて淡々と死んでいきたいなあと思うだけです。

118

死に向けて行う作業は、おわびですね。
謝るのはお金がかからないから、
ケチな私にピッタリなのよ。

新聞の連載インタビューで乳がんの手術後、死を意識するようになってからの夫・内田裕也との関係を語って。
――2009年2月

死に向けて行う作業は、おわびですね。謝るのはお金がかからないから、ケチな私にピッタリなのよ。謝っちゃったら、すっきりするしね。がんはありがたい病気よ。周囲の相手が自分と真剣に向き合ってくれますから。ひょっとしたら、この人は来年はいないかもしれないと思ったら、その人との時間は大事でしょう。そういう意味で、がんは面白いんですよね。

Kirin's Will

119

やり残したことなんて、
死んでみないとわからないですよ。

映画『あん』公開時のインタビューで、作品のキャッチコピー「やり残したことは、ありませんか?」について語って。
——2015年5月

特に意識はしませんでしたが、キャスティングする方や今回の「あん」の原作者・ドリアン助川《すけがわ》さんも、私に〝命を考える気配〟を感じるのかもしれないですね。この映画には、「やり残したことは、ありませんか？」というキャッチコピーがついていますが、私自身には、具体的なことでもっとやりたいことや、これから先何かを始めようという思いはまったくないです。もう親もいませんし、娘も自立していますので、72歳になって、納得して〝死ぬ資格のある人間〟だなと思っています。やり残したことなんて、死んでみないとわからないですよ。あとは今の状況のまま成熟して終了するのであって、新たに「何か」に向かっていくことではないです。

Kirin's Will

120

いまなら自信を持ってこう言えます。
今日までの人生、
上出来でございました。
これにて、おいとまいたします。

新聞の連載インタビューで、現在の心境について語って。
——2018年5月

〈樹木希林　75年の軌跡〉

西暦（年号）	年齢	出来事
1943（昭和18）年	0歳	・東京府東京市神田区（現・東京都千代田区）で、カフェなどを経営していた母・中谷清子と警察官でのちに薩摩琵琶奏者となる父・中谷襄水の間に生まれる
1961（昭和36）年	18歳	・千代田女学園在学中、薬科大を目指していたがスキーで足を骨折し受験を断念。新聞広告で募集を知った文学座附属演劇研究所を受け、合格。一期生として入所し、芸名を「悠木千帆」とし女優活動を始める
1964（昭和39）年	21歳	・森繁久彌主演のドラマ『七人の孫』（TBS）の第1シリーズがスタート。森繁が演じる主人公の女中役としてレギュラー出演。脚本家の向田邦子、演出家の久世光彦と出会う ・文学座の同期生で俳優・演出家の岸田森と結婚
1965（昭和40）年	22歳	・『七人の孫』（TBS）の第2シリーズがスタート
1966（昭和41）年	23歳	・文学座を退団。その後、夫・岸田森のほか、村松克己、草野大悟らと劇団「六月劇場」を旗揚げ ・映画『続・酔いどれ博士』（井上昭監督）で、勝新太郎と共演。映画だけでなく、テレビドラマにも数多く出演し、庶民的な役を演じた

1968（昭和43）年　25歳・岸田森と離婚。雑誌のインタビューに「ふと生活を変えたいと思った。3時間の話し合いで離婚成立に至った」と語った

1970（昭和45）年　27歳・映画『男はつらいよフーテンの寅』（森崎東監督）で渥美清と共演
・森光子主演のドラマ『時間ですよ』（TBS）の第1シリーズがスタート。銭湯の従業員役を演じる

1971（昭和46）年　28歳・『時間ですよ』（TBS）の第2シリーズがスタート

1973（昭和48）年　30歳・『時間ですよ』（TBS）の第3シリーズがスタート
・ミュージシャンの内田裕也と結婚。『時間ですよ』で共演したミュージシャンのかまやつひろしに内田を紹介され、出会ってから50日足らずで挙式

1974（昭和49）年　31歳・ドラマ『寺内貫太郎一家』（TBS）で主人公・貫太郎の母・寺内きんを演じる。髪を脱色し「老け役」を好演。沢田研二のポスターを眺め「ジュリーィィィ！」と身悶えるシーンが話題に
・ドラマ『時間ですよ 昭和元年』（TBS）がスタート。森光子演じる主人公の母役として、またも「老け役」を演じる

1975（昭和50）年　32歳・『寺内貫太郎一家2』（TBS）がスタート。この頃から、内田裕也との別居生活が始まる

1976（昭和51）年　33歳・長女・也哉子が誕生
・ドラマ『さくらの唄』（TBS）がスタート。美輪明宏と共演し恋人役を演じる

1977（昭和52）年　34歳・日本教育テレビ（NETテレビ）が全国朝日放送（テレビ朝日）へと社名・局名が変更されることを記念し放送された特別番組中のオークションコーナーで、「売るものがない」という理由で芸名・悠木千帆を出品。2万200円で落札される。「樹木希林」と改名
・ドラマ『ムー』（TBS）に出演
・『ムー』で共演した郷ひろみとデュエット曲「お化けのロック」をリリース。コミカルな振り付けが話題となり、大ヒット

1978（昭和53）年　35歳・『ムー』の続編、『ムー一族』（TBS）がスタート
・「お化けのロック」に続きリリースした、郷ひろみとのデュエット曲「林檎殺人事件」が『ザ・ベストテン』（TBS）で4週連続1位を獲得

1979（昭和54）年　36歳・『ムー一族』の打ち上げパーティでスピーチをした際、番組プロデューサーの久世光彦と出演者の女優が不倫しており、すでにその女優が妊娠していることを暴露。久世とは1996年まで絶縁状態に
・「ピップエレキバン」のCMに出演

1980（昭和55）年　37歳・「フジカラー」のCM「お名前篇」に見合い写真を現像しに来た客の〝綾小路さゆり〟役で出演。店員役の岸本加世子との「美しい人はより美しく、そうでない方はそれなりに映りま

す」のやりとりが話題に。このセリフは、当初「美しくない人も美しく」の予定だったが、樹木が反論したことから変更された

1981（昭和56）年　38歳・ドラマ『夢千代日記』（NHK）がスタート。吉永小百合と共演
・内田裕也が樹木に無断で離婚届を提出。樹木は離婚届は無効であると訴訟を起こし勝訴

1982（昭和57）年　39歳・『夢千代日記』の第2部、『続 夢千代日記』がスタート

1987（昭和62）年　44歳・日本の放送業界で働く女性を対象とする賞、日本女性放送者懇談会賞（のちの放送ウーマン賞）を受賞
・NHK連続テレビ小説『はね駒』での演技で第37回芸術選奨文部大臣賞を受賞

1990（平成2）年　47歳・NHK大河ドラマ『翔ぶが如く』に出演

1991（平成3）年　48歳・NHK連続テレビ小説（30周年記念作品）『君の名は』に出演
・北野武主演ドラマの実録犯罪史シリーズ『金《キム》の戦争』（フジテレビ）に出演。同作は放送文化基金賞優秀賞、日本民間放送連盟優秀賞、放送批評懇談会ギャラクシー賞奨励賞などを受賞した

1993（平成5）年　50歳・ドラマ『これから 海辺の旅人たち』（フジテレビ）に出演。高倉健と共演

1995（平成7）年　52歳・中居正広主演のドラマ『味いちもんめ』（テレビ朝日）に出演
・娘・也哉子と本木雅弘が結婚。本木を婿養子に迎える
・ドラマ『輝け隣太郎』（TBS）に出演

1996（平成8）年　53歳・『ムー一族』以来となる久世光彦演出のドラマ『坊っちゃんちゃん』（TBS）に出演。共演は郷ひろみ

1997（平成9）年　54歳・初孫・雅樂《うた》（UTA）が誕生

1999（平成11）年　56歳・二人目の孫・伽羅《きゃら》が誕生

2002（平成14）年　59歳・CMタレント好感度調査で女性部門第1位に
・日本語教養番組『日本語歳時記 大希林』（NHK）がスタート。2005年まで放送される

2003（平成15）年　60歳・網膜剥離で左目の視力が低下、3月にはまったく見えない状態に。2004年1月に発売された長嶋茂雄との対談本『人生の知恵袋』（幻冬舎）でその事実を告白。同月に会見を開き、「朝起きたら、見えなくなって真っ白。絶望しました」と語った

2004（平成16）年　61歳・テレビ50年特別ドラマ『向田邦子の恋文』（TBS）に出演
・映画『半落ち』（佐々部清監督）に出演。同作の演技で、第26回ヨコハマ映画祭助演女優賞、第28回日本アカデミー賞優秀助演女優賞、第59回日本放送映画藝術大賞優秀助演女優賞

などを受賞
・映画『下妻物語』(中島哲也監督)に出演

2005(平成17)年 62歳 ・乳がんにより右乳房の全摘手術を受ける。2月に行われた第26回ヨコハマ映画祭に出席した際、「私はがんなんですから、あんまり働かせないでよ」と冗談交じりに語った

2007(平成19)年 64歳 ・映画『東京タワー オカンとボクと、時々、オトン』(松岡錠司監督)で、オダギリジョー演じる主人公の母親役を演じる。同作の演技で、第31回日本アカデミー賞最優秀主演女優賞。授賞式で「私なら違う作品を選ぶ」「組織票かと思った」などと発言。同作ではほかに、第20回日刊スポーツ映画大賞助演女優賞、第62回日本放送映画藝術大賞優秀助演女優賞も受賞

2008(平成20)年 65歳 ・映画『歩いても 歩いても』(是枝裕和監督)に出演。阿部寛演じる主人公の母親役を演じる。同作の演技で、第30回ナント三大陸映画祭最優秀女優賞、第51回ブルーリボン賞助演女優賞、第33回報知映画賞助演女優賞、第82回キネマ旬報ベスト・テン助演女優賞、第63回日本放送映画藝術大賞最優秀助演女優賞を受賞
・秋の叙勲で紫綬褒章を受章

2010(平成22)年 67歳 ・三人目の孫・玄兎《げんと》が誕生
・映画『借りぐらしのアリエッティ』(スタジオジブリ・米林宏昌監督)で声の出演
・映画『悪人』(李相日監督)に出演。同作の演技で、第34回日本アカデミー賞最優秀助演女優賞を受賞

2011（平成23）年　68歳・結婚情報誌『ゼクシィ』（リクルート）のCMに内田裕也と夫婦として初共演
・内田裕也が強要未遂の容疑で逮捕。すぐに自宅で記者会見を開いた樹木は、「私は頭を下げない、謝罪は自分から」と語った
・映画『奇跡』（是枝裕和監督）に出演。同作で孫の伽羅と初共演を果たす

2012（平成24）年　69歳・映画『わが母の記』（原田眞人監督）に出演。同作の演技で、第4回TAMA映画賞最優秀女優賞、第25回日刊スポーツ映画大賞助演女優賞などを受賞

2013（平成25）年　70歳・『わが母の記』で、第36回日本アカデミー賞最優秀主演女優賞を受賞。授賞式のスピーチで「全身がん」であることを告白
・映画『そして父になる』（是枝裕和監督）に出演。同作は第66回カンヌ国際映画祭コンペティション部門に正式出品され、審査員賞を受賞

2014（平成26）年　71歳・初のお伊勢参りなどに赴く樹木に密着したドキュメンタリー映画『神宮希林　わたしの神様』（伏原健之監督）が公開
・秋の叙勲で旭日小綬章を受章

2015（平成27）年　72歳・映画『駆込み女と駆出し男』（原田眞人監督）に出演
・映画『あん』（河瀬直美監督）で元ハンセン病患者の役を演じる。同作の演技で、第29回山路ふみ子女優賞、第40回報知映画賞主演女優賞、第39回日本アカデミー賞優秀主演女優賞な

どを受賞。同作は、第68回カンヌ国際映画祭「ある視点」部門に出品。オープニング上映された
・映画『海街diary』（是枝裕和監督）に出演
・福岡発地域ドラマ『いとの森の家』（NHK福岡放送局）で第42回放送文化基金賞・演技賞を受賞

2016（平成28）年　73歳
・宝島社の企業広告に出演。「死ぬときぐらい好きにさせてよ」のコピーが話題に
・第10回アジア・フィルム・アワードで特別功労賞を受賞
・映画『海よりもまだ深く』（是枝裕和監督）に出演。阿部寛と親子役を演じるのは『歩いても 歩いても』以来、二度目。同作は第69回カンヌ国際映画祭「ある視点」部門に出品。また、ノルウェーの第26回フィルムズ・フロム・ザ・サウス映画祭で最高賞を受賞した

2017（平成29）年　74歳
・ナレーションを務めたドキュメンタリー映画『人生フルーツ』（伏原健之監督）が公開

2018（平成30）年　75歳
・自身が初めて企画も手がけた映画『エリカ38』（日比遊一監督）の撮影がスタート（2019年に公開予定）
・映画『モリのいる場所』（沖田修一監督）に出演。夫婦役を演じた主演の山﨑努は文学座の先輩であり、樹木にとってスターのような存在だった
・映画『万引き家族』（是枝裕和監督）に出演。同作は第71回カンヌ国際映画祭で最高賞のパルムドールを受賞したほか、多数の映画祭で賞を獲得した
・内田裕也の音楽活動と半生に迫ったドキュメンタリー番組『ザ・ノンフィクション「転がる魂 内田裕也」』（フジテレビ）でナレーションを務める

・知人宅で転倒し左大腿骨を骨折、手術したことを本木雅弘が会見で発表。一時は危篤状態であったと明かした。会見で、樹木直筆の「細い糸1本で　やっとつながってる　声一言もでないのしぶとい　困った　婆婆です」というコメントが出された
・9月15日、家族らに看取られ、自宅で息を引き取る。享年75。危篤の報を受けた内田裕也の声を携帯電話のスピーカー越しに聞いたあと、息を引き取った
・1年にわたる密着取材を受けた『NHKスペシャル「〝樹木希林〟を生きる」』（NHK）が放送
・映画『日日是好日』（大森立嗣監督）が公開
・第43回報知映画賞助演女優賞の授賞式に内田也哉子が代理で出席。「死人に賞をあげるなんて物好きね。で、賞金はいくら？と憎まれ口を言っていると思います」と語った

〈出典一覧〉

※数字はページ数ではなく、通し番号です

第一章

1 『PHPスペシャル』（PHP研究所）2016年6月号「巻頭インタビュー 樹木希林」
2 『月刊 風とロック』（風とロック）2013年4月号
3 『FRaU』（講談社）2002年8月27日号「早川タケジのジャルダン・デ・モード（12）樹木希林」
4 『ゆうゆう』（主婦の友社）2016年6月号「表紙の人インタビュー 樹木希林さん 女優　橋爪功さん 俳優」
5 『日曜美術館「北大路魯山人×樹木希林」』（NHK）2017年8月6日放送
6 1988年7月23日付『読売新聞』東京夕刊「この人 PARTⅡ 樹木希林　普通の人をふつう感覚で」
7 『家庭画報』（世界文化社）2018年7月号「アクティブレスト 樹木希林　人間をよく見つめる監督との信頼関係のなかで演じる」
8 『婦人公論』（中央公論新社）2018年5月22日号「表紙の私 樹木希林　上出来、上出来」
9 2009年2月20日付『産経新聞』東京朝刊「ゆうゆうLife 女優 樹木希林さん（66）（下）死意識して対面を決意 夫婦の戦いにピリオド」より
10 2018年5月23日付『朝日新聞』東京朝刊「語る 人生の贈りもの 役者 樹木希林（12）『ロックンロール！』の夫が…」
11 『ハルメク』（ハルメク）2016年6月号「スペシャル対談　阿部寛さん樹木希林さん」
12 2015年5月27日付『産経新聞』東京朝刊「話の肖像画 女優 樹木希林（72）（3）回遊魚の夫は大事な重し」より
13 2018年5月21日付『朝日新聞』東京朝刊「語る 人生の贈りもの 役者 樹木希林（10）芸名は『ちゃちゃちゃりん』？」
14 『温故希林 樹木希林の骨董珍道中 第3回「着物」』（NHK）2011年8月10日放送
15 『婦人公論』（中央公論新社）2018年5月22日号「表紙の私 樹木希林　上出来、上出来」
16 『週刊現代』（講談社）2015年6月6日号「個性派女優が本音で語った『私』と『家族』の物語　樹木希林」
17 『AERA』（朝日新聞出版）2017年5月15日号「年をとるのは怖いですか 全身がん 俳優・樹木希林（74）の死生観」
18 『月刊 風とロック』（風とロック）2013年4月号
19 『サンデー毎日』（毎日新聞出版）1977年9月4日号「おんなの午後 樹木希林（3）　常識のはなし」

20 2005年7月6日付『日刊スポーツ』東京日刊「夢追い群像 樹木希林（下） 代表作なし…天才ゆえの不幸」

21 『AERA』（朝日新聞出版）2017年5月15日号「年をとるのは怖いですか 全身がん 俳優・樹木希林（74）の死生観」

22 『FRaU』（講談社）2016年6月号「樹木希林 荒木経惟」

23 2012年4月20日付『毎日新聞』東京夕刊「人生は夕方から楽しくなる 老いゆく母を演じて 樹木希林さん」

24 2014年11月3日付『朝日新聞』東京朝刊「秋の叙勲『すべて成り行き』自然体 樹木希林さん」

25 『宝石』（光文社）1985年9月号「灰谷健次郎 連載対談 われら命の旅人たり（9） ゲスト 樹木希林」

26 東京コピーライターズクラブ編『コピー年鑑2016』ふろく（宣伝会議）2016年11月発行「〝コピーの神様〟 樹木希林さんインタビュー」

27 『とくダネ！』追悼報道（フジテレビ）2018年9月17日放送

第二章

28 『婦人公論』（中央公論新社）2015年6月9日号「女優 樹木希林 妻という場所のおかげで、野放図にならずにすんだ」

29 2018年8月4日付『熊本日日新聞』夕刊／共同通信配信「インタビュー百人百話 女優 樹木希林さん がん告白と生活」

30 2018年5月8日付『朝日新聞』東京朝刊「語る 人生の贈りもの 役者 樹木希林（1） がんになり腰が低くなりました」

31 2005年7月6日付『日刊スポーツ』東京日刊「夢追い群像 樹木希林（下） 代表作なし…天才ゆえの不幸」

32 『ゆうゆう』（主婦の友社）2016年6月号「表紙の人インタビュー 樹木希林さん 女優 橋爪功さん 俳優」

33 『週刊朝日』（朝日新聞出版）2012年2月17日号「鎌田實VS.樹木希林 がんと闘うコツお教えします」

34 2014年5月号『日豪プレス』全国版「独占 特別インタビュー 樹木希林さん」

35 『婦人画報』（ハースト婦人画報社）2015年6月号「樹木希林 ドリアン助川 1週間あれば、いつ死んでもいい」

第三章

36 『いきいき（現ハルメク）』（ハルメク）2008年7月号「いきいき特別対談 樹木希林さん 阿部寛さん 家族というテーマは無限大です。」

37　2014年10月13日付『毎日新聞』東京朝刊「おんなのしんぶん　別所哲也のスマートトーク 樹木希林　年を取るって面白い」
38　『いきいき（現ハルメク）』（ハルメク）2015年6月号「女優 樹木希林さん　人生でやり残しはないですね。この先はどうやって成熟して終えるか、かしら。」
39　『婦人公論』（中央公論新社）1980年11月号「対談 より美しく齢を重ねる研究　樹木希林（女優）浦沢月子（紬屋吉平主人）」
40　『NHKスペシャル「〝樹木希林〟を生きる」』（NHK）2018年9月26日放送
41　『婦人画報』（ハースト婦人画報社）2015年6月号「樹木希林 ドリアン助川　1週間あれば、いつ死んでもいい」
42　『ノンストップ！』追悼報道（フジテレビ）2018年9月18日放送
43　『いきいき（現ハルメク）』（ハルメク）2015年6月号「女優 樹木希林さん　人生でやり残しはないですね。この先はどうやって成熟して終えるか、かしら。」
44　『AERA』（朝日新聞出版）2017年5月15日号「年をとるのは怖いですか 全身がん 俳優・樹木希林（74）の死生観」
45　『あさイチ「プレミアムトーク 樹木希林」』（NHK）2018年5月18日放送
46　『月刊 風とロック』（風とロック）2013年4月号
47　『いきいき（現ハルメク）』（ハルメク）2007年1月号「宇津井健さんの 70代こそ男の旬（第6回）　新年号特別対談」

第四章

48　『クローズアップ現代　「がんを〝生ききる〟～残された時間 どう選択～」』（NHK）　2016年2月9日放送
49　『withnews』2018年8月31日配信「『こんな姿になっても…』　若者へ樹木希林さんが直筆メッセージ」
50　『アサヒ芸能』（徳間書店）1974年9月12日号「連載 口説き対談（33）　おとこ バロン吉元　おんな 悠木千帆」
51　『家の光』（家の光協会）2015年7月号「表紙の人　女優 樹木希林」
52　『あさイチ「プレミアムトーク 樹木希林」』（NHK）2018年5月18日放送
53　2015年6月10日付『西日本新聞』夕刊／共同通信配信「エンタメ ひと　悲劇を超えて生きる力　映画『あん』主演 樹木希林」
54　2016年6月10日付『朝日新聞』東京朝刊「憲法を考える　あの隔離から」
55　『女性自身』（光文社）1995年7月25日号「母 樹木希林が親友に打ち明けた〝七夕挙式〟までの全秘話（2）」

56 『ダ・ヴィンチ』（KADOKAWA）2015年7月号「樹木希林×又吉直樹　蕎麦屋でまったり対談」
57 『戦後70年　樹木希林ドキュメンタリーの旅　「むかし むかし この島で」鈴木敏夫』（東海テレビ）2015年8月15日放送
58 『神宮希林』（東海テレビ）2013年11月3日放送
59 『月刊 風とロック』（風とロック）2013年4月号
60 1998年2月16日付『中日新聞』夕刊「樹木希林　『おもしろうて、やがて悲しき女優』」
61 『PHPスペシャル』（PHP研究所）2016年6月号「巻頭インタビュー　樹木希林」
62 『月刊 風とロック』（風とロック）2013年4月号
63 『FRaU』（講談社）2002年8月27日号「早川タケジのジャルダン・デ・モード（12）樹木希林」
64 『不登校新聞』2017年11月1日配信
65 『戦後70年　樹木希林ドキュメンタリーの旅　「むかし むかし この島で」鈴木敏夫』（東海テレビ）2015年8月15日放送
66 『月刊 風とロック』（風とロック）2007年8月号

第五章

67 『週刊明星』（集英社）1973年10月7日号「完全独占インタビュー　悠木千帆と内田裕也が10月10日電撃結婚式」
68 『女性セブン』（小学館）1981年4月2日号「田淵選手元夫人 博子のホームラン・インタビュー　樹木希林さんの〃離婚再出発〃にあたし乾杯」
69 『週刊明星』（集英社）1981年4月2日号「独占インタビュー 樹木希林　夫・内田裕也の帰国を待ち構え」
70 『週刊明星』（集英社）1981年4月2日号「独占インタビュー 樹木希林　夫・内田裕也の帰国を待ち構え」
71 2005年7月5日付『日刊スポーツ』東京日刊「夢追い群像 樹木希林（中）　内田裕也との『婆娑羅』な別居生活」
72 『いきいき（現ハルメク）』（ハルメク）2007年1月号「宇津井健さんの 70代こそ男の旬（第6回）　新年号特別対談」
73 2011年5月14日付『サンケイスポーツ』「樹木希林（68）夫・裕也を淡々とバッサリ」より
74 2014年5月号『日豪プレス』全国版「独占 特別インタビュー　樹木希林さん」
75 『とくダネ!』追悼報道（フジテレビ）2018年9月17日放送

76 2014年10月13日付『毎日新聞』東京朝刊「おんなのしんぶん　別所哲也のスマートトーク樹木希林　年を取るって面白い」
77 2015年5月27日付『産経新聞』東京朝刊「話の肖像画 女優 樹木希林(72)(3)　回遊魚の夫は大事な重し」より
78 『週刊現代』(講談社)2015年6月6日号「個性派女優が本音で語った『私』と『家族』の物語　樹木希林」
79 『FRaU』(講談社)2016年6月号「樹木希林 荒木経惟」
80 2018年5月22日付『朝日新聞』東京朝刊「語る　人生の贈りもの 役者 樹木希林(11)　夫と45年別居 あの世では同居?」

第六章

81 『CREA』(文藝春秋)2018年7月号「CULTURE&COLUMNS RELAY ESSAY　樹木希林の今月のあれとこれ」
82 『FRaU』(講談社)2016年6月号「樹木希林 荒木経惟」
83 『宝石』(光文社)1985年9月号「灰谷健次郎 連載対談 われら命の旅人たり(9)　ゲスト 樹木希林」
84 『ボクらの時代』追悼特別企画(フジテレビ)2018年9月30日放送
85 1999年2月27日付『スポーツニッポン』「『母』樹木希林さん　死後も〝破天荒〟兄姉出現に仰天」
86 1996年2月19日付『朝日新聞』東京朝刊「おやじの背中　俳優 樹木希林　人を面白がり、人に好かれ」
87 『あさイチ「プレミアムトーク 樹木希林」』(NHK)2018年5月18日放送
88 『キネマ旬報』(キネマ旬報社)2007年4月上旬号「オカン役 樹木希林の言葉」
89 『ボクらの時代』追悼特別企画(フジテレビ)2018年9月30日放送
90 『女性セブン』(小学館)1986年6月5日号「セブン・スター・シリーズ 樹木希林」
91 『ボクらの時代』追悼特別企画(フジテレビ)2018年9月30日放送

第七章

92 東京コピーライターズクラブ編『コピー年鑑2016』ふろく(宣伝会議)2016年11月発行「〝コピーの神様〟樹木希林さんインタビュー」

93 2018年8月4日付『熊本日日新聞』夕刊／共同通信配信「インタビュー百人百話 女優 樹木希林さん　がん告白と生活」
94 『AERA』（朝日新聞出版）2018年6月18日号「時代を読む スペシャルインタビュー　樹木希林 女優魂の渾身と自由」
95 2015年5月29日付『産経新聞』東京朝刊「話の肖像画 女優 樹木希林（72）（5）　絵の具の一色に居心地のよさ」より
96 『広告批評』（マドラ出版）2008年6・7月号「第二回 広告夫婦がゆく!!　今月のゲスト 樹木希林さん」
97 東京コピーライターズクラブ編『コピー年鑑2016』ふろく（宣伝会議）2016年11月発行「〃コピーの神様〃 樹木希林さんインタビュー」
98 『婦人公論』（中央公論新社）2015年6月9日号「女優 樹木希林　妻という場所のおかげで、野放図にならずにすんだ」
99 『日曜美術館「北大路魯山人×樹木希林」』（NHK）2017年8月6日放送
100 『あさイチ「プレミアムトーク 樹木希林」』（NHK）2018年5月18日放送
101 『キネマ旬報』（キネマ旬報社）2008年12月上旬号「隔号連載 これがはじまり 樹木希林（最終回）」
102 2005年7月6日付『日刊スポーツ』東京日刊「夢追い群像 樹木希林（下）　代表作なし…天才ゆえの不幸」
103 『樹木希林のばあばとフルタチさん』（東海テレビ）2017年8月11日放送
104 『月刊 風とロック』（風とロック）2007年8月号
105 『ボクらの時代』追悼特別企画（フジテレビ）2018年9月30日放送
106 『あさイチ「プレミアムトーク 樹木希林」』（NHK）2018年5月18日放送
107 『月刊 風とロック』（風とロック）2013年4月号

第八章

108 『クローズアップ現代「がんを〃生ききる〃～残された時間 どう選択～」』（NHK）　2016年2月9日放送
109 2018年5月25日付『朝日新聞』東京朝刊「語る 人生の贈りもの 役者 樹木希林（14）　人生、上出来でございました」
110 『サンデー毎日』（毎日新聞出版）1977年8月28日号「おんなの午後 樹木希林（2）　欲のはなし」
111 『週刊朝日』（朝日新聞出版）2012年2月17日号「鎌田實VS.樹木希林　がんと闘うコツお教えします」
112 『月刊 風とロック』（風とロック）2013年4月号

113 『樹木希林の居酒屋ばあば』(東海テレビ)2017年1月28日放送
114 『とくダネ!』追悼報道(フジテレビ)2018年9月17日放送
115 『AERA』(朝日新聞出版)1996年9月15日号「私の夢みる大往生　執着を一切捨てて『じゃあね』と言えたら 樹木希林さん 女優」
116 『樹木希林のばあばとフルタチさん』(東海テレビ)2017年8月11日放送
117 『FRaU』(講談社)2002年8月27日号「早川タケジのジャルダン・デ・モード(12)樹木希林」
118 2009年2月20日付『産経新聞』東京朝刊「ゆうゆうLife 女優 樹木希林さん(66)(下)死意識して対面を決意 夫婦の戦いにピリオド」より
119 『いきいき(現ハルメク)』(ハルメク)2015年6月号「女優 樹木希林さん　人生でやり残しはないですね。この先はどうやって成熟して終えるか、かしら。」
120 2018年5月25日付『朝日新聞』東京朝刊「語る 人生の贈りもの 役者 樹木希林(14) 人生、上出来でございました」

樹木希林

（きき・きりん）

1943年、東京都生まれ。本名、内田啓子。61年、文学座に入り「悠木千帆」名義で女優活動をスタート。70年代にテレビドラマ『時間ですよ』『寺内貫太郎一家』『ムー』『ムー一族』などに出演し人気を博す。2000年代以降は映画に活躍の場を広げ、『東京タワー オカンとボクと、時々、オトン』（07年）、『わが母の記』（12年）で日本アカデミー賞最優秀主演女優賞。ほか『半落ち』（04年）、『悪人』（10年）、『あん』（15年）、『万引き家族』（18年）など出演作多数。08年に紫綬褒章、14年に旭日小綬章。2018年9月15日に逝去。享年75。

宝島社
文庫

樹木希林 120の遺言
死ぬときぐらい好きにさせてよ
(ききりん ひゃくにじゅうのゆいごん　しぬときぐらいすきにさせてよ)

2022年9月20日　第1刷発行

著　者　樹木希林
発行人　蓮見清一
発行所　株式会社 宝島社
〒102-8388　東京都千代田区一番町25番地
電話：営業 03(3234)4621／編集 03(3239)0646
https://tkj.jp

印刷・製本　中央精版印刷株式会社

First published 2019 by Takarajimasha, Inc.
ISBN 978-4-299-03374-1